好評発売中!
文明はどこに向かうのか
史上、幾度となく訪れた危機や混乱に、
人間はいかにして立ち向かってきたのか。
混迷の時代におくる
現代人必読のシリーズ。
THE ILLUSTRATED 図説 HISTORY OF THE WORLD
世界の歴史
「歴史の始まり」から9.11同時多発テロまで
全10巻
オールカラー
●A5判変型・上製・270頁（各巻
定価 各巻 2,400円+
©Woolfit/robertharding.c
創元社
創業111周年記念出版

郵便はがき

5 4 1 - 8 7 9 0

料金受取人払

大阪東局
承認

2981

差出有効期間
平成16年8月
31日まで
(切手不要)

(期間後は
切手を
お貼り下さい)

479

大阪市中央区淡路町4丁目3番6号

株式会社 創元社 営業部 行

創元社お客様アンケート

今回お買いあげ
いただいた商品

[ご感想]

プロカウンセラーの
夢分析
心の声を聞く技術

東山紘久
Higashiyama Hirohisa

創元社

はじめに

私は四〇年にわたって夢を心理療法に用いてきました。夢は心理療法を受けに来られた方々ばかりでなく、私自身の人生の危機を救い、迷ったときに決断をうながし、人生そのものを豊かにしてくれました。しかし、多くの人たちは、夢分析というと、夢占いと同じようなものとしか思っておられないのではないでしょうか。それではあなたの夢がかわいそうです。

夢を放っておくと、夢もあなたを見捨ててしまいます。夢はあなたの意識とは別に、かってに自分の世界で生きています。たとえ危機が迫っていても、あなたを助けてはくれません。それは、夢が助けようとしても、あなたには夢が伝えようとしているメッセージを読み解くことができないからです。

ところが、夢分析に関しては専門書はあっても、一般書はほとんどありません。一般書といいますと、それこそプロカウンセラーが行なう夢分析とはあまりにも違う、いわゆる、夢占いに毛が生えた程度のものしかありません。

前著『プロカウンセラーの聞く技術』は、当初、心理療法の専門家を目指す大学院生のための最初の手引きとして書いたのですが、心理療法家とは異なる職種の専門家をはじめ、ビジネスマン、学生、主婦、先生と、多くの方々に読んでいただきました。そして、このような本が欲しかったと、著者としては望外なご支援をいただきました。

『プロカウンセラーの夢分析』は、『聞く技術』よりも心の深層をより鮮明に映しだしてくれるものです。前著は「他人の話」を聞く技術でしたが、今回は「自分の声」を聞く技術です。何事でも自分がかかわると真実が見えにくくなります。それだけ、前書よりすこしむずかしいかもしれませんが、それでもできるだけわかりやすく書いたつもりです。

私自身が夢分析から多くのものを得ましたので、それらを列挙してみました。夢からこのようなメッセージを得たい方々に、この本を読んでいただければ幸いです。

夢は自分から自分への手紙です。
夢は自分の無意識からのメッセージです。
夢は現実では生きられない自分の分身を生かしています。
夢は危険を防止してくれます。
夢は身体の変調を知らせてくれます。
夢は自分の未来を見せてくれます。
夢は勇気を与えてくれます。
夢は過去にやり残してきた課題を示してくれます。
夢のない人生は味気ないものです。
夢は夢を見させてくれます。
夢を生きれば、あなたの世界が大きくなります。

夢は意識的に見ることはできません。
夢の意味は夢が知っています。
つまらない夢の解釈は夢をだいなしにします。
夢自体には「吉」も「凶」もありません。
元気のでる夢解釈はすばらしい解釈です。
夢のメッセージを読み解かないことは、大事な手紙を読まないのと同じです。

『夢はあなたに夢を与えてくれるのです』

では、あなたの夢と仲よくなりましょう。

この本は二部から成り立っています。第一部は、夢の性質を知るための夢分析の基礎です。第二部は、実際によく見る夢のメッセージの読み解きです。自分の夢のメッセージをどのようにとらえればよいかを急いで知りたいと思っておられる方は、第二部の関心のある夢のどこから読んでいただいてもけっこうです。でも、夢分析をしっかりとしてみたい方は、少しむずかしいかもしれませんが、第一部から読んでみてください。

夢のメッセージはきっとあなたの人生を豊かにしてくれると思います。私自身、夢によって今までどれだけ救われたかしれません。

第1部◉夢分析の基礎《夢が人生を切り開く》

第2部◉夢分析の実際

A 誰でも見る夢、身近な夢

B 人生節目の夢

C ピンチとチャンスの夢

プロカウンセラーの夢分析

心の声を聞く技術

●第1部

夢分析の基礎

《夢が人生を切り開く》

1 なぜ人は自分の思いどおり行動できないのか

もしあなたが自分の考えたとおりに行動できたら、あなたの人生はあなたが思うように豊かなものになるでしょう。たとえば、タバコをやめたいと思ったとき、すぐに自分の意志でタバコがやめられたらどんなにいいでしょう。これ以上食べたくないと思ったとき食べるのをストップできたら、太りすぎも糖尿病もよくなるでしょう。お酒も、あなたの意志で適量でやめられたら、健康にもいいし、愉快なお酒になるでしょう。

では、そうしたあきらかに自分の利益になることが、どうして自分の意志でできないのでしょうか。人間は動物のなかでいちばん賢いといわれています。それなのにやればよいことがわかっていて、しかもできることをせず、逆にわざわざ自分の不利益になること、それも身体に悪いことや社会的に非難されるようなことをしがちです。それはなぜなのでしょう。

「わかっちゃいるけれどできない、やめられない行動」を、神経症的行動といいます。「食べたいのに食べられない」「食べたくないのに食べすぎる」「眠りたいのに眠れない」「起きたいのに起きられない」「学校へ行きたいのに行けない」「かわいがりたいのにいじめてしまう」などなど。あなたもこのような行動に、いくつか思いあたるものがあるでしょう。人間ほど神経症的行動をする動物はありません。野生動物にはこのような行動がほとんど見られませんので、動物が人間を見ると、「人間は何とバカなのだろう」と思うはずです。

動物のなかでもっとも知性的な人間だけが、どうしてこのようなバカげた行動をするのでしょう。それは、人間は自分の意識できている考えだけで行動しているわけではないからです。人間の意識している領域は、比喩的にいえば、海面から出ている氷山の部分で、残りのより大きな部分は海面下にあるのです。臨床心理学者は、海面下の部分を「無意識」と呼んでいます。人間の行動は意識している部分だけでなく、この無意識の影響によって左右されているのです。自分の思うとおりに行動できないのは、無意識がそれを妨げているからなのです。

プロカウンセラーは、神経症や神経症的行動を改善する仕事をしており、摂食障害、不登校、非行、出社拒否症、虐待などで悩んでいる人々と日常的に接しています。神経症的行動を改善するための、プロカウンセラーの技法の第一は「聞くこと」です。「聞くこと」がどうして効果があるのかに関しては、拙著『プロカウンセラーの聞く技術』で詳しく述べました。こちらが相手の話を徹底して聞いていますと、不思議なことに、話している人の意識だけでなく無意識も変化していきます。人間は自分の気持ちを聞いてもらえると、自分自身や世界の見え方が変わるのです。だから聞くことはプロカウンセラーにとっては、とても大切な技術なのです。

プロカウンセラーには、「話を聞く」ほかにもいろいろな技術があります。なかでも大切な技術の一つが夢分析です。どうして夢分析が大切かといいますと、夢は無意識の産物だからです。自分の無意識の心の状態、考え方を表現しているからです。意識からだけではわからない心の様相が、夢を分析することでわかる場合も少なくありません。無意識の考えがわかると、その人が現実にしているバカげた行動の意味がわかってくるのです。

無意識はその人の心全体を考えています。意識ではバカげた行動だと思えるようなことでも、無意識まで含めて考えると、その人にとってそのほうが「生きる」感じを味わえたり、実はそうしたバカげた行動をすることで、もっと危険な行動をするのを防いでいることなどがわかります。

神経症的行動というと、否定的印象でとらえられがちですし、たしかに否定的な意味をもっています。しかし、人は神経症的行動をとることによって、もっとおかしな、もっと深刻な行動を、防いでいることがあるのです。ですから、相談ケースによってはプロカウンセラーが、相談者の症状をすぐに除かないほうがいいことも多いのです。それは、その症状を取ると、その人の心の問題がもっとひどくなることを、無意識のメッセージが伝えているときです。「したいのになかなか取りかかれない行動」は、無意識が「今はまだその時期ではない」と判断していることが多いのです。それはまた、今のままのペースで行動にとりかかれば、身体や心が燃え尽きてしまうことを無意識が予想していることでもあるのです。このように書きますと、読者のなかには、何が何やらわからなくなって混乱されたり、詭弁《きべん》のように思われる方があるかもしれません。人間は、通常は意識でしか考えることができないし、無意識のことなど念頭におくと実際には行動できなくなるからです。

しかし、心や魂はそれだけ複雑で奥深い面もあることも知っておいてほしいのです。

例をあげましょう。みなさんには、「あのときあれだけしたいと思っていたけれど、今になってみるとしなくてよかったなあ」と思うようなことがいくつかあると思います。そして、なぜあのときしなかったのかを考えても、その理由がわからないことのほうが多いはずです。「たしかに、ラッキーだった」というよりほかはないようなことが、人生には多いのではないでしょうか。でも、無意識について知る機会があなたにあれば、納得のいく理由が見つかることは多いのです。

2 夢は自分から自分への手紙

自分の無意識の考えを知るいちばん手短な手段は、夢のメッセージを読み解くことです。夢は自分から自分への手紙です。夢がわかれば自分の心がよりいっそうわかります。夢のメッセージによって、人生の指針が得られます。だから、私はこの本を書こうと思いました。

それでも本を書くことに躊躇もあります。それは、本心や無意識を知ることは、大切なのですが、必ずしもいいことだけではないからです。それは怖いことでもあります。「親切な人間だ」と思っているのに、実はそれと反対の気持ちが無意識にあるとわかるのは、ある意味では怖いことではないでしょうか。「自分は配偶者を尊敬し、信頼している」と思っている人が、実は配偶者を殺したいぐらい憎んでいる、という無意識からのメッセージを受け取るのは楽しいことではありません。親を憎むことで親から独立し、仕事に没頭している人にとって、実は自分が「親が好きで好きでたまらない。仕事をやめて親元へ帰りたい」というメッセージを受け取ることは衝撃ですらあるでしょう。

でも安心してください。無意識は、夢があなたに与える衝撃を緩和する作業もしています。夢をすぐ忘れるのも、夢など見ないと思っているのも、不思議な夢で何の意味かわからないことが多いのも、無意識の緩和作用の一つです。それは、「真実の自分を知る」恐怖や不安が人間にはあるからです。夢は心の真実を伝える強烈な媒体ですが、真実を知るのが怖いという気持ちにうまく沿えるように、夢にはいろいろな安全装置が働いているのです。

でも、自分の真実の心を知らないことには、自分の思いを高めることができないのも事実です。手紙は読まれなければ意味がありません。夢は、自分から自分への手紙ですから、たとえ真実を知らされるのが怖くても、自分の真実をより知りたい方は、この本がお役に立つと思います。

少し驚かせたかもしれませんが、安心してください。衝撃を与えるような夢は、あなたがその衝撃に耐えられると無意識が判断した範囲で現れます。また、本当に破壊的な衝撃を与えるような夢は、実はあなたにわからないように加工されています。このことが夢をわかりにくくしているのですが、それこそが無意識の安全装置なのです。安全装置をはずしてもよいと無意識が感じたり、安全装置をはずしても大丈夫な専門家、プロカウンセラーがつくと、夢はわかりやすくなります。

この本では、そうした安全装置のじょうずなはずし方を書いていこうと思います。あなたが、自分で書いた自分への手紙が読めるように。もしご自分で夢分析をしても、なお夢のメッセージが読み取れないときは、あなたの無意識がまだ安全装置をはずしてはいけないというメッセージを与えているのだと思ってください。無意識は、あなたが今の時点では解けないような新手の安全装置を仕掛けているのです。残念ですが、そのようなときは無意識の指示に任せて、夢をそのまま分析せずに時期が来るまで大切に覚えておいてください。

3 「一富士、二鷹、三ナスビ」とは

私が夢分析のプロであると言うと、多くの方が「このような夢を見たのですが、どのような意味があるのですか」と、ご自分の夢を分析してほしいという要望をされます。これは、「私は占いができますよ」と言ったときの反応とよく似ています（もちろん私は占いのプロではありませんが）。この反応は、多くの人が夢に関心があり、自分の見た夢がどのような意味をもっているのかを知りたがっていることを表しています。

夢分析というと、多くの方は「○○の夢は××の夢です」といった夢解釈をイメージされるようです。また「○○は××の象徴です」といったような単純な解釈です。たとえば、「蛇の夢を見ると、その日一日は幸せになれます」とか、「溝にはまった夢を見ると、交通事故に気をつけなさい」とか、「トマトを食べる夢を見ると、ひそかに思っていた人に会える」といった解釈です。

初夢に見るとその一年がよい年であるとする「一富士、二鷹、三ナスビ」の夢などは世間に定着している夢の解釈の代表です。でも、みなさんのなかで、実際に富士山や鷹やナスビの夢を見た人はどれぐらいありますか。ほとんどおられないのではないかと思います。それでも、富士山は日本

を象徴する山であり、霊峰富士といわれるくらい、われわれのイメージの中に強く生きていますので、まだ夢に見る人がいるかもしれません。メデタイ夢としての意味がありますので、初夢としてもふさわしいでしょう。

しかし、ナスビになると、ふだんでもその夢を見たという人は、まれではないでしょうか。もちろんナスビは、その形から（英語でegg plantといわれるように）子宝や豊かさの象徴があって、香炉や置物にナスビを形どったものがあるほどですが。

鷹や鷲は、双頭の鷲がアメリカ合衆国の象徴であるように、雄々しく凛々しいイメージをもっています。「トビが鷹を産んだ」ということわざでは、親に似ているがそれよりも格上のものの象徴として鷹（親より出世する子ども）をあげます。これもメデタイものの象徴としての意味はあります。ダイエーホークスのファンの方が、初夢で「鷹が舞い上がる」夢を見られたら、それこそ狂喜乱舞され、これは「春から縁起がいい」となるでしょうが、それでもこのような夢はめったに見ないと思います。普通は、山の夢であれば、富士山ではなくて、「山を登る夢」「山を下りる夢」「山から滑落する夢」のほうが多いと思います。この「滑落する夢」をもっと広げて、「崖から落ちる夢」「井戸に落ちる夢」「坂を滑る夢」「道に迷う夢」とすれば、かなりの人が見ていると思います。

夢分析がこのように簡単で、常識でわかるものであるなら、プロカウンセラーはこれほど夢分析をしないでしょう。それは心理臨床家の仕事というより、宗教家か占い師の仕事になります。たしかに、夢には象徴的な意味が多く含まれています。それは、夢より意味が明確な普通の言葉でも、言葉自体があるイメージを現している一種の象徴なのですから。「机」という言葉は、「机そのもの」ではなく、「机というもののイメージ」を示しているだけです。「机」だけなら、まだ「机そのもの」を表している場合もありますが、「机に座る」となると「椅子に座る」のとは異なるいろいろな意味をもってきます。そのときに座る椅子がなかったということを表している場合もありますし、椅子に座った人を見下すような横柄な態度をイメージしている可能性もあります。「机」のように意味がハッキリしている言葉でさえこのように多様な意味をもっていますので、映像（イメージそのもの）で見ている夢となると、いかに豊富な多様性をもっているかは、簡単に想像できると思います。

それに加えて、夢分析が誤解されるのは、心理療法としての夢分析を創始したフロイトの影響が無視できません。フロイトは「性の衝動」を無意識の中心的存在としたため、彼の夢分析の書物では、夢の内容に性に関する象徴があふれています。それが、世間の好奇心や単純化によって、フロイトの性に関する一般的夢象徴、たとえば「箱」「船」「窪み」「入れ物」などは女性性器の象徴、「槍」「バット」「棒」などが、男性性器の象徴といったような、表面的な解釈を広げてしまったのです。そして、フロイトが何度も警告している、「一般的象徴解釈は、その個人の象徴性がすべて解釈されたあとでのみ意味をもつ」という無意識を理解する大切なメッセージが無視されていったのです。

これは象徴と記号が混同されているからです。「象徴」と「記号」は違うものです。記号は他人とも共有できる一般的な意味を表すものですが、象徴は個人的意味をもった、その象徴を使わないと表せないものです。

　たとえば、ヘビ年のヘビは記号ですが、夢に現れたヘビは、その夢を見た人によってそれぞれ意味が違ってきます。「ヘビ年生まれの人は…」といった、御みくじや占いがありますが、それらをよく読んでいただくと、ヘビの性質が下敷きになっているのがわかります。この場合のヘビは占いや御みくじにおける象徴（記号に近い）であって、夢分析とはあまり関係がありません。一方夢分析では、ヘビの夢は夢を見た人のヘビのイメージと関係しており、ヘビが大嫌いな人とヘビに神秘性を感じる人とでは、当然、夢の意味が異なってきます。「ヘビの夢はよい夢である」とか「不吉な夢である」とは、「ヘビの夢」だけでは一概に言えなくなります。また、ヘビに関してわれわれはある種の共通のイメージをもっていますので、それが夢に反映されることもあります。このように、同じ「ヘビの夢」でも、そこには夢を見た人のそのときのイメージがそれぞれに反映しているのです。

　むろん、「ヘビにかまれた夢」を見るのと「トラにかまれた夢」を見るのとでは意味は異なります。これは当たり前のことで、現実に「トラにかまれる」のと「ヘビにかまれる」のとでは大変な違いがあるからです。ただし夢を分析する場合には「かまれる」という共通部分に注目し、なぜ「かまれる」のかを考える必要があります。

4 夢はあなたの心の状態を教えてくれる

もう一つの夢分析に対する誤解は、夢に対する思いの違いです。
私が心理学、とりわけ臨床心理学を専門にしていると自己紹介しますと、かなり多くの人から「何でも見透かされるようで怖い」という反応が返ってきます。臨床心理学を専攻していて、しかもプロのカウンセラーだということが、心の中をレントゲンで映し出されてしまうのではないかという不安を、相手に抱かせるのでしょう。それほど明快に相手の心がわかるとこの仕事は楽なのですが、なかなかそのようにはいかないものです。

同じ理由で、心理テストを受けることに、ほとんどの人がかなり抵抗をもつようです。たしかに心理テストをしますと、知能や性格や心の病気がある程度わかることは事実です。

心理性格テストは、相手の性格理解のための手段です。人間の行動や未来は、その人の性格を基盤としています。性格をいい方向へ変えると未来は開けてくるでしょう。人相だって手相だって、ある意味では、その人のそれまでの全生活が映し出されています。「四〇を過ぎたら、人は自分の顔に責任をもたなければならない」というリンカーンの格言も、人相にはその人の全生活様式が反映されるということを意味しています。これは占いでも同じで、プロの占い師は、それぞれ独自のテクニックをもっておられるのでしょうが、それだけでなく「当たる」占い師とそうでない占い師では、直感力や観察力に差があるのではないでしょうか。偶然や自然の力、大いなる力を感じる感受性に差があるのかもしれません。

ちなみに私はスクールカウンセラーとして小中学校に行くとき、児童や生徒と仲よくなる手段として占いを使うことがあります。私の占いは、「木霊《こだま》占い」と「蛇《へび》占い」です。よく当たると評判ですが、それはある意味では当たり前なのです。種明かしをすると、「木霊占い」は「バウムテスト」という心理テストを基本としていますし、「蛇占い」は、「へび象徴技法」という私が開発した心理テストを使っているからです。

同じような内容でも心理テストというと忌避され、占いだと見てほしい人が急に増えます。ふだんは怖がられている心理臨床家なのに、夢分析をするというと自分の夢を分析してほしい人が殺到します。それだけ、自分の知らない自分をより深く知りたいという欲求が人間には強いのでしょう。私から見ると、夢にはどのような心理テストよりもその人の心が現れています。まさにその人の「心の裸」を見るような感じさえするときがあります。裸になって自分の身体を観察することは、自分の健康状態をチェックする最良の方法です。同じように、夢も自分の心の状態をチェックする最良の方法なのです。でも、あまり人のなかでは裸にならないでしょう。夢も同じであると思っていてください。むやみに夢を語るよりも、大切に抱えていることのほうが大事な場合もあるのです。

5 夢はいつもあなたを守ってくれる

私は心理臨床家を仕事としていますので、夢分析を心理療法にしばしば使っています。夢分析は、私の所へ相談に来られる人だけでなく、実は私自身の役にも立っています。夢は「自分から自分への手紙（メッセージ）」ですので、夢のメッセージを受け取ることは、私自身の日常生活に役立つのです。

例をあげましょう。数年前に、私は自動車を買い換えました。契約してから車が来るまで一月ほどあります。そろそろ私も年ですので、安全性を考えて、丈夫な車を買いました。しかし、注文してからその車が来るまでの間、悲惨な交通事故を起こす夢を何度も見るのです。車の注文を取り消そうかと思うほど、悲惨な事故の夢でした。

このような夢を夢分析では「警告夢」と呼んでいます。それまでの経験から、これは新車を運転するにはよほど注意してかからなければならないと思いました。新車が来てからは、警告夢の教えを守り、非常に慎重に運転していました。ところが、この車には特別にスピードが出る装置が付いており、一四〇キロくらいのスピードがすぐに出るのです。年齢を考えて買ったはずの車なのに、スピードの出る装置を付けるなんて、なんと人間は矛盾した行動をとるのでしょう。加速がいいことは、かえって事故を防ぐ、というセールスマンの話にひかれてしまったためでした。

そして最初は夢の忠告を守っていたのですが、ついつい調子にのってスピードを出してしまいます。すると不思議なことに、その晩にまた悲惨な事故の夢を見るのです。こうして私はまた慎重な運転に戻りました。まさに警告夢のおかげで、私は事故を免れているのです。夢は命さえ救ってくれるのです。

またあるとき、私に転勤の話がきました。いい話なのに、今までの生活基盤が大幅に変化するのと、新しい職場で適応できるかどうか不安なため、あまり乗り気がしませんでした。そんなときに、やはり夢を見ました。新しい職場で、意気揚々と活動している自分の夢でした。結局、私は転勤することに決心しました。もちろん、いいことばかりではありませんが、新しい職場では、これまでとは違った自分を発展させることができました。夢は私に決断の勇気を与えてくれたのです。

アメリカに留学したときです。留学先の研究所があまりにも自由（別の観点からすると放ったらかし）であり、英語が思っていたほど通じず、文化の違いもあり、どこかさえない状態でした。そんなときに、アメリカの市場で何の苦もなく英語で買い物をしている夢を見たのです。それほど特別な意味があるとは思えないような日常的な夢でしたが、私はこの夢でアメリカの生活にやっと溶け込んだ自分に気づきました。この夢から数日後、研究所で意識せずに「ガッダム！（God damn〈ちくしょう！〉）」と英語で叫んでいる自分にも気づきました。アメリカ人の同僚が「ヒロ（私の呼び名)、どうした!」と聞いてくれたからです。もし、「くそ!」と日本語で言っていたら同僚たちは誰も気づかなかったでしょう。私はそのあと、自分の思いを同僚たちに率直に言えるようになりました。彼らはみんなカウンセラーであり、気持ちのよい人たちばかりでしたので、異国に適応するための私の悩みをわかってくれました。それからは、研究所での居心地が格段によくなりました。夢は、私のその地(場所)での適応状態を教えてくれたのです。

アメリカ留学から帰ってきて、一カ月ほどたったときにもまた夢を見ました。私が留学した研究所は、カール・ロジァース先生(「来談者中心療法」の創始者で世界的な臨床心理学者)の主催されているものでしたので、心理療法の実践に関しては、なんら不満はありませんでしたが、研究的な面では少し不満がありました。そうした不満を背景にした夢を、帰国して一カ月たったころに見たのです。

夢にはロジァース先生が出てこられました。先生は「ヒロ! 君はもうすぐ日本に帰るのだね」と言って、ハギング(別れの抱擁)をしてくださいました。先生は、自分のハートに私のハートを重ねられました。先生の心臓の鼓動が私の心臓に伝わってきました。そして、「私が君に教えたかったのは、ハートなんだよ。このようにハートを重ねるだけでそれが伝わったらどんなに簡単だろう。でも、人間はそんなに簡単ではないから、そうはいかないよね。どうか頑張ってほしい」と、言われました。私は涙を流しながら目が覚めました。私のわずかな不満はこの夢でまったくなくなりました。それからは、心理臨床の実践と研究に、以前にも増して、心から打ち込めたのです。夢は留学の成果の神髄を私に教えてくれたのです。

　このような夢の例をあげるときりがありません。それだけ夢は、私の人生の指針となり、いさめとなり、エネルギーとなっています。みなさんにも、ぜひこのような自分の夢のメッセージを読み取れるようになってほしいと思います。

6 夢を見る人、見ない人

夢分析は、夢を見ないことには始まりません。でも「私は夢をほとんど見ない」という人もたくさんおられます。

生理学的な観点からは、誰でも夢を見ることがわかっています。睡眠時の脳波の変化とそのときの目の動きから、いつ夢を見ているかがわかります。このときの睡眠をレム睡眠といいますが、眠っている人をレム睡眠時に起こして聞くとたしかにそのとき夢を見たと答えます。でも、そのときに報告される夢は単純なもので、われわれが普通にイメージしている夢とは異なるようです。夢とレム睡眠が関係することがわかってから、夢の生理学的研究が進み、レム期でなくても夢を見ていることもわかってきています。しかし、なぜ夢を見る時間が、睡眠の中に組みこまれているかは、まだよくわかっていません。そのときに脳がリフレッシュするともいわれていますが、ハッキリ断定はできないのです。いろいろな脳内物質の発見とその性質の解明や、脳と記憶の関係、体内時計のことなど、脳に関する研究は現在急速に進んでいますので、夢を見る機能と機構はやがて解明されると思いますが、人間の心のメカニズムは脳の解明だけでは完全にはわからないような気がしています。夢まで科学でわかってしまったら、夢がなくなりますものね。

このように脳のメカニズムから考えますと、人間は誰でも夢を見ますので、「夢を見ない」という人は夢を覚えていないだけだということになっています。それでもなお、「自分は夢を見ない」と感じている人は多いのですが。

夢を覚えていないし、夢を見たという記憶もないのは、夢分析の観点からは、夢を見ていないのと同じです。なぜなら、夢を分析することができませんから。夢のすべてを忘れていたとしても、夢を見たという記憶があれば、夢分析は少しだけ可能です。夢を見ているのにどうして覚えていないのか、という一点で、夢分析が可能なのです。

では、どのような状態のときに、人は夢をよく見るのでしょうか。ロシアの文豪ドストエフスキーは、「心を病んでいるときは、よく夢を見るものだ」というようなことを書いています。ドストエフスキー自身の経験ではそうだったのでしょうけれど、これも一般論として、そこまで明確にはいえません。たしかに、心に悩みがあったり、気にかかっていることが多いと、夢を見ることは多いようです。逆に、現実が忙しいと夢をあまり見ません。忙しいと現実の対応に追われて、「夢のようなこと」に意識や注意がいかないからでしょう。

夢はすぐに忘れられる性質をもっています。夢を見ても、起きていろいろなことをしているとすぐに消えてしまいます。逆に、現実に嫌気がさしたり、現実の対応に疲れたり、あまりにも自分の生活に夢がないことにひそかに気づいているときには、夢が現れるようです。

夢はたくさん見ているのに、一つも覚えられないという人もけっこう多いようです。夢は自分から自分への手紙です。手紙を見る時間もない、手紙の内容を考える余裕もない、手紙の中身が恐ろしいし不安であるというようなときは、夢を忘れることが多いようです。夢のメッセージの内容がさっぱりわからず、相談する人もないときにも、夢は自然に忘れ去られてしまいます。

私は、カウンセリングや夢分析をするのが仕事です。夢を見ない、覚えていない、と言われる人でも、私が夢分析をしていることを知り、夢分析をしてほしいと思うと、夢を見るようになったり、見た夢を覚えることができるようになられます。

もっと不思議なことがあります。私はいつも何人かの人に継続的に夢分析をしていますが、春、夏、冬には休暇をいただいて、夢分析を休んでいます。私がこうした休暇をとっている間、多くの相談者はあまり夢を見なくなります。そして、私の休暇明けが近づくとまた夢を見るようになられます。夢を語れる人がいる、夢をわかってくれる人がいる、その人に夢を語ると自分から自分への大切なメッセージが読み取れると思うと、多くの人は、夢を見、夢が覚えられるのです。

7 夢を語りあうことの大切さ

マレー半島に住むセノイ族について書かれた本があります。セノイ一族は、みんな仲がよく、ストレスが少ない部族です。それにはわけがありました。セノイの人々は、朝食のときに、自分の見た夢をみんなに語る習慣があったのです。たとえば、子どもが魔物に追われる怖い夢を見たとしましょう。大人たちはそれをじっくり聞いてやったあと、今度その魔物を見たときには、われわれがついていてやるから、じっくりと魔物の正体を見て、朝それを報告するとよい、というような助言をしてあげるのです。一族の長老たちは、夢の理解にたけていますので、とても適切なアドバイスができるのです。

この本が発表されてから、長い間セノイ族は、本当に存在すると思われていましたが、実は後日、著者の創造の産物と判明しました。しかし、現実にもしセノイのような部族が存在し、夢を語る習慣があるとしたら、この部族の精神衛生がよいことはたしかでしょう。長い間実在すると思われたくらい、この本の内容には真実味がありました。それは、夢はまず見ることに第一の意味がありますが、それを語ることによってその意味を増し、夢のメッセージが読み取れると、人生が変わるほどの影響をもたらすというところです。

昔の人々は、夢を大切にしていました。在原業平《ありわらのなりひら》が京から追放されたとき、「駿河なる宇津の山べのうつつにも　夢にも人にあはぬなりけり」という歌にたくし、恋人たちの夢を見ない、もうみんなは自分のことを忘れているのではないかと嘆いている様子が、『伊勢物語』に書かれています。

またアレキサンダー大王にも有名な夢の話があります。アレキサンダー大王は、戦争に出かけるときには、夢占い師を連れていきました。彼がチュロスの街を攻撃していたときです。チュロスが思っていたようには陥落せずイライラしていたとき、彼は夢を見ました。それは、「自分の楯の上でサチュロス神（ギリシア神話にある、半人半獣の神）が踊っている」夢でした。彼は、さっそく夢占い師に夢解きをさせました。夢占い師は、「サチュロス神」を「サ」と「チュロス」に分け、「サ」は汝のものという意味、「チュロス」はチュロスの街で、「チュロスは汝のものという神のお告げです」と、夢解きをしたのです。アレキサンダー大王はその夢に感謝し、総攻撃をかけたところ、あれほど難攻不落を誇っていたチュロスがすぐに陥落したのです。夢占い師の存在には意味があったのです。

もちろん、いつもこのような都合のいい夢を見るとは限りません。夢は自分から自分へのメッセージですので、何の兆しも予感もないのに、それに関する夢を見たりはしないからです。目覚めているとき、人は物事や自分のことを意識で判断していますが、睡眠時は、無意識で感じていることをも取り入れて、総合的に判断しています。この無意識は、あくまでも自分の無意識であり、他人の無意識が入り込むことはありません。この点が、古代の夢占いと現代の夢分析の違いなのです。もっともアレキサンダー大王の夢占い師は、古代の人間ですが、夢の性質や今でいう夢分析的な手法をよく知っていたのだと思います。

夢占い師は、一人の人が同じような夢を二度見たときに、この二つを同じような夢解きにはしません。占いの原則として、同じことを二度同じ人に、時をおかずに占ってもらうことは、占いの結果がたとえ「吉」であっても、占うこと自体が「凶」なのだそうです。同じような夢を見て、それが同じ意味をもたないということは、夢占いでも、夢分析でも大切なことです。

夢は忘れやすいものですが、何度も何度も同じ夢を見ることもあり、子どものときに見た夢が、大人になるまでずっとくり返し現れるようなこともあります。このような夢を反復夢といいます。何度も言いますが、夢は、自分から自分への手紙（メッセージ）です。反復夢は同じ内容の手紙が何度も来るようなものですので、大変重要な意味があります。逆に、一度見ただけなのに、終生忘れられないような強烈な夢もあります。こうした夢も重要です。一度だけしかもらわなかったのに、終生忘れえない手紙。それがもらった人にとってどれほど重要かを考えればおわかりいただけると思います。

8 夢の主体は夢見者(ドリーマー)である

自分が誰かわからなくなったら、人間はパニックになります。テレビドラマでよく記憶喪失者を主人公にした話がありますが、記憶を喪失するとは、自分が誰かわからなくなってしまうということです。そのような立場に自分が置かれたら、どうすればよいか本当に途方にくれてしまうでしょう。現実にはこのようなことはまずありませんが、夢ではしばしばこうした状態に置かれます。もし、誰かに追いかけられて殺されそうになったときに、目覚めてそれが夢だったことがわかるとホッとするでしょう。夢なのに、夢を見ているときはそれが現実ですので、叫び声を上げたり、汗をかいたりします。もしも、そんな夢が覚めなかったら、それこそ気が変になってしまうでしょう。逆にいえば、狂気の世界とは、夢の世界を現実と感じることなのかもしれません。

その夢の主体が誰かということは夢分析をするうえでも、大変重要なことです。主体の問題を扱った有名な例が、『荘子』の「胡蝶《こちょう》の夢」です。荘子が夢で胡蝶になります。蝶であることを楽しんで目が覚めると自分は荘子でした。このとき、荘子が夢で胡蝶となったのか、胡蝶が夢で荘子となっていたのかがわからないというのが、この話の主題です。世間の常識では、胡蝶は胡蝶であって人間ではないし、人間は人間で胡蝶ではないとされています。しかし、夢の世界では胡蝶は荘子であり、荘子が胡蝶でもあるというように、どちらも存在しているのです。夢に出てくる胡蝶は胡蝶であって荘子ではありません。しかし、夢を見ているのは、荘子です。夢の中での人や物は、そのときにはたしかに実在しているのです。

少しむずかしくなってきましたが、夢分析では、夢に現れるものは、すべて夢見者の分身と考えています。夢見者がいろいろなものや人物を創造しているからです。

夢の主体は、学派によっていろいろに考えられています。たとえば犬が夢に現れたら、その夢における犬の意味を解釈する学派もありますし、そうではなくて、夢見者の犬的存在を問題にする考え方もあります。また、時代による解釈の違いもあります。日本の古代の夢解釈では、たとえば女性が夢に現れたら、その女性が自分のことを想っているのだと考えました。現代の夢分析では、それは自分がその女性のことを考えていると解釈します。

先に述べた在原業平の話ですと、業平は恋人たちが自分の夢に現れないのは、「恋人たちが自分のことを忘れているからだ」ととらえているのですが、現代流の解釈では、業平の恋人への関心が、夢に現れるほど強くないというふうに、恋人の夢を見ない理由が、業平側に求められるのです。みなさんは古代派ですか現代派ですか？　夢の主体を自分に置かずに、相手に置いているのは、古代では夢は相手のほうからやって来ると考えられていたからです。たしかに、夢は自分で見ようと思っていても見られませんから、自分に主体があるとは感じにくいですね。

しかし現代では、夢の主体は夢を見た人にあります。それは、フロイトが無意識の構造を発見し、夢が自分の無意識の産物であることが判明したからです。ここで発見という言葉を使いましたが、同じ発見という言葉でも、自然科学や地理学の発見と同じ意味ではありません。心理学、特に臨床心理学の発見は、あくまで仮説の域を出ていません。今現在における有力な仮説の一つである、という意味です。

夢の主体が自分にあるというのは夢分析では重要です。夢に「私」が現れたとき、たとえば「私は森へ行きました…」という夢なら、森へ行ったのは「私」であると誰でもその主体がハッキリわかるでしょう。しかし、「一匹の黒い犬が深い森へ入っていきました……」というとき、夢を見た人が主体なのでしょうか。それとも夢見者が犬になっていて、その犬が主体なのでしょうか。胡蝶の夢では、荘子は蝶になっていましたが、いつも夢見者が蝶になるとは限りません。夢分析のときに「森に入っていった犬」の様子を聞いていますと、夢見者本人が犬になっている場合と、どこかわからないが離れた場所で夢見者がその犬を心配しながら見ている、といった場合があります。いろいろ考え方はあるのですが、私自身は夢見者が夢の主体であると考えて夢分析をしています。

たとえば、「父親が死んだ…」という夢をある夢見者が見たとしましょう。この人のお父さんがまだご存命だとしたら、私はこの夢を「父親殺しの夢」と考えます。「父親殺しの夢」なんて名づけると物騒な感じがしますが、現実には生きている父親を夢で死なせているのですから、これは夢で父親を殺したことになるのです。もちろん「ナイフで父親を刺し殺した」というような具体的な夢は、

「父親殺し」そのものの夢ですが、そこまでの夢は実際にはめったに見ないものです。父親を殺したいと思うような瞬間は、思春期・青年期には、けっこうあるかもしれませんが、本当に父親を殺す人はめったにいません。夢においても同じです。夢では、実際に手を下して父親を殺すような夢を見なくてもいいのです。父親が死んだ夢を見るだけで、十分父親殺しのはたらきが心にあるのです。

こうした詳細は、第二部の実際の夢分析のところで述べたいと思います。

9 なぜそのことを夢にまで見るのかを考える

何かを夢にまで見るというのは、よほどそれが心にかかっていることだからでしょう。そして同時に、それが現実では実現不可能なことだという意味ももっているでしょう。現実ではかなわない夢だから、夢に見て現実の代替としているわけです。「寝ては夢、起きてはうつつ幻の…」という表現は、かなわない恋、会えない恋人に恋い焦がれているときのものです。

近代の心理療法の父であり、精神分析の創始者であり、『夢判断』の著者でもあるフロイトは、夢に見る動機を「無意識の願望充足」としました。夢を「無意識の願望充足」の観点から分析するのが、精神分析の基本でした。フロイトは、無意識の願望を性的な願望（エロス）と直結させたために、夢分析の多くは、夢を性的に解釈しているのも事実です。通俗的な夢分析の本では、実に簡単に「〇〇の夢」を見たら、「欲求不満のあらわれ」などと書かれています。たしかにフロイトの夢分析には、このような例がたくさん載っています。例をあげましょう。

広場恐怖症（広い所へ出るのが怖い神経症の一種）に陥った若い女性の夢です。

〈夏、私は表通りを歩いている。妙な恰好の麦藁帽子をかぶっている。その帽子の中央部は上のほうへふくれていて、両側の部分は下へ垂れ下がっている。（ここでこの婦人は言いよどみだす。）しかも、片方の側のほうが、もう一方の側よりよけいに垂れ下がっている。気分は明るく、落ちついている。若い士官の一隊とすれちがうが、『この人たちは私に手出しすることなんかできはしない』と考える。〉

◆◆◆◆◆◆◆◆◆◆◆◆◆◆◆◆◆◆◆◆◆◆

フロイトは患者に夢の中の帽子について、何か思いつくことがあるかとたずねます。しかし、患者は夢で見た帽子について何も思いつかない様子なので、彼はこう言ってみました。

「その真ん中の部分が、上のほうへふくれてそそり立っていて、両わきが垂れ下がっている帽子は、おそらく男性性器でしょう」

そして、続けてこうも言いました。

「それはこういうことではありませんか。つまり自分はこういう見事な性器を持った男を夫にしているのだから、士官たちに対して何も恐れることはない。すなわち、彼らに何も望む必要はない。もし、そうでなければ、あなたは元来の誘惑空想のために、お供なしではとうてい歩けはしなかったはずですから」

彼女の広場恐怖について、フロイトはこんな具合の説明をそれまでに幾度も、別の材料を使ってやっていたのです。

読者のみなさんはこのフロイトの解釈をどのように思われますか？　フロイトの夢分析の見事なところは、このご婦人がやがて、「私の夫の睾丸は、一方が他方よりも下がっているのですけれど、それはどういうことなのでしょう。男の人はみんなそうなっているのでしょうか」と述べ、帽子の奇妙な格好の意味があきらかに説明され、前記の夢判断全体が彼女の承認するところとなったということです。

読者のみなさんは、これを見事だと思われますか。それとも何か判じ物が当たったように感じますか。フロイトの解釈はともかく、「夢には、それを夢にまで見る動機がある」ということが、夢分析では大切なことです。人間のどのような行動にも動機はあります。それが夢だと、現実の行動でないだけに、無意識の思いが反映されているのも事実でしょう。それが、性に関することに限定されているかはともかくとしても。なぜなら、われわれの動機は、性だけではないからです。

この夢をどのような動機から夢にまで見たのかを私なりに考えてみますと、この夢でいちばん引きつけられるのは、広場恐怖症の人が「夏の表通りを散歩している」というところです。この女性はふだんはお供なしでは外出もできない広場恐怖症です。夏の表通りは、日光が厳しく照り返しているることでしょう。そのような所へ、一人で散歩に出、しかも気分は明るく、落ちついているのです。広場恐怖症であることを少しも感じさせないこのことは、その症状に苦しんでいる患者さんにとって、夢にまで見る価値のあるものではないでしょうか。「私に手出しすることなんかできはしない」という感じ方は、たしかにフロイトの言うとおり、この婦人の誘惑空想的なところでしょう。

帽子の意味はハッキリしませんが、夏に麦わら帽子は不自然なものではありません。それに帽子の奇妙な形といっても、麦わら帽子は中央が突き出ていて、まわりが垂れ下がっていてもあまり不思議ではありません。帽子のつばを下に押さえると容易に形は変わるのですから。フロイトの指摘が、夫の性器に対する心配と呼応していたというのは、何よりもフロイトの直観の鋭さゆえのことでしょう。

私はこの患者が夢で症状を克服した自分を見ているところに、心理療法の結果がよいことを感じます。その前に、症状に苦しむ自分の姿を見ると、その症状が治るというのが私の主張ですが、そのことに関してはここではおいておきます。

10 試験の夢でわかること——夢と現実の差を考える——

夢占いと夢分析の違いは、夢占いが、「蛇の夢を見ると吉」「黄色い服を着ている夢を見ると欲求不満」「船で難破する夢を見ると愛欲に溺れる」など、解釈が画一的であるのに対して、夢分析は夢見者一人ひとりのもつ意味を読み取る手法だという点です。「○年○月○日生まれの人の運勢は、○○です」というのが占いであるのに対し、あなたが迷ったとき、人生の意味を考えるのを援助するのがカウンセリングであり、それを効果的に進める方法の一つが夢分析なのです。たしかに、未来は「神仏の領域」に属しています。人間は、未来を予測しますが、当たりはずれが多すぎます。もし、何分か先が予測できたら、大金持ちにもなれますし、事故にもあわずにすみますが、人間は基本的には未来は予測できません。そのように未来は不確定だからこそ、私たちは占いに安心と興味をおぼえるのです。たとえ当たらなくてもです。それは「当たるも八卦、当たらぬも八卦」の世界です。でも、夢は違います。夢はあなたからあなたへのメッセージですから、たとえ同じような夢だとしても、その意味は一つひとつ違います。

夢見者がある夢を見たとしましょう。その夢の内容と、夢見者の現実との間には何らかの違いがあるのが普通です。また、そのときに抱く感覚や感情も、夢と覚醒時との間で差があります。ですから同じようなテーマの夢を見たとしても夢のメッセージは、それぞれの夢で異なっているわけです。

誰でも一度くらいは見たことがあると思われる試験の夢で例を示しましょう。

◆◆◆◆◆◆◆◆〈高校の教室にいる。試験を受けている。もうすぐ時間になるのに自分の答案の大部分が白紙である。あせって目が覚める。〉

このような夢は、多くの人が見る代表的な夢の一つです。もし夢見者が高校生で、この前に受けた定期試験の出来が最低で、そのテスト時の状況とこの夢が酷似していたとしますと、これはまさに現実を写している夢です。しかし実際には、現実をそのまま写しているような夢はあまり見ません。夢にまでそのような嫌な現実を見る必要性がないからです。それでもこのような夢を見るのなら、それはこのままでは夢見者がダメになるので、次の試験に備えさせようとしている夢からのメッセージです。

夢見者が期末テストをまぢかに控えている高校生なら、これは現実に近い夢ですが、現実そのものではありません。彼はまだ試験を受けていないのですから。もうすぐ試験だというのに、あまり勉強していないのなら、この夢は警告夢です。「このままだと、次の試験では夢のようになりますよ。

だから少しは勉強しなさい」という、あなたに対するあなたの無意識からのメッセージです。誰でも、試験場でこのようになるのは嫌ですから、勉強をする動機づけになります。親に「勉強しろ」と言われると嫌ですが、自分が自分に言っているのですから、親に言われるよりは少なくとも効果があるでしょう。

もし成績のよい高校生がこの夢を見たとしますと、前述の高校生よりも、夢見者の現実の状況からは離れています。実際に試験を受けても、彼は夢のような状態にはならないわけですから、「勉強しなければダメよ」という警告夢でもありません。この場合、試験はいわゆる定期考査ではなく、別のテストの意味をもっています。たとえば、この成績優秀な高校生が、今、淡い恋をしていて、彼女になかなか告白できないでいるとしたら、これは告白のテストという意味合いをもつでしょう。彼女の前で焦ってしまって、おそらく告白は失敗するかもしれません。でも、前もってこの夢の意味を彼が知っていますと、きっと告白のための「傾向と対策」を立てるでしょう。そして、受験と告白では、対処の仕方が違うことを学ぶかもしれません。そんなときは、また別の夢が有効な対処の仕方を教えてくれると思います。

夢を見た時期が試験直前ではなく、夏休みののんびりしているときだとすると、ますます学校の試験からは離れた意味をもってきます。「受験を控えた夏休みにこのようにゆっくりしていていいのか」という警告夢の場合もあるし、のんびりしているように自分では思っていても、無意識では焦っていることを伝えたい夢なのかもしれません。

このような夢を、学校の試験がもはや遠い昔のことになってしまっている中年の人が見たのならば、夢内容と現実がより離れていることになり、ますます意味が違ってきます。むろんこの場合も、夢見者が昇進試験を受けなければならない状況であるならば、現実と夢の距離は近いといえます。しかしこのケースでは、なぜ夢に現実の昇進試験ではなく、高校での試験が登場したのかを、よく考える必要があります。

昇進や試験と無縁の人の場合は、現実と夢の内容にはより大きなへだたりがあります。この違いを吟味しないと、正確な夢分析はできません。こうした場合、夢の内容と現実の生活がすぐに結びつくといった具合に直観のはたらくときと、なぜこのような夢を見たのかがまったくわからないときがあります。夢分析における現実と夢の距離は、ケースの一つひとつで異なるのです。ですから、夢の内容と現実生活に大きなへだたりがあるようなときは、現実の生活をもう少し詳しく見る必要があります。

例をあげましょう。現実の試験とまったく関係がない中年の夢見者がテストの夢を私に報告したあとで、

「今、家へ帰るのがおもしろくないのです。娘や家内の言うことが私には理解できません。まるで何が問われているのかさえわからない問題で、テストされているようです」と述べられました。

この夢には、ヒントが隠されています。それは、夢見者が高校の教室でテストを受けていた点です。夢見者の娘さんは高校生ですが、夢では夢見者本人が高校生として試験を受けているのです。

この夢は夢見者に、中年の父親の感覚ではなく、高校生の気持ちになることが重要であることを教えています。さらに、それにはもうあまり時間がないことも告げているのです。家に帰りたくないと逃げていられるような状態ではないのです。

どうですか。夢を分析することはおもしろいですが、その反面厳しいでしょう。自分からの手紙ですから、偽りのない本心が書かれていますからね。

11 現実が把握できると夢がわかる

現実と夢の内容との距離について、別の観点からもう一つ大切なことを述べておきましょう。それは、夢が夢の中で、あなたの夢をかなえてくれることです。例をあげましょう。

◆◆◆◆◆◆◆◆ A先生に会いにいった。A先生は私を歓迎してくださった。長年、聞きたかったことを先生にお伺いしたら、わかるように説明してくださった。私は大変満足している自分を感じていた。

夢見者が会えた先生がご存命の方なのか、それともすでにお亡くなりになっておられるのかで、この夢は意味がまったく変わります。もしA先生がご存命で、会おうと思えば会える方ならば、夢見者がどうして会いにいかないのか、あるいは会いにいけないのかを吟味する必要があります。もしA先生がお亡くなりになっていて、そして生前のA先生と何らかの確執があったのならば、この夢はA先生と夢見者の和解の夢です。

父親の存命中は、確執が絶えなかったのに、今は亡き父親と夢で再会して和解し、長い間しこっていたわだかまりが氷解した夢見者がありました。父親が亡くなって長い時がたつのに、まだ父親と喧嘩している夢を見る夢見者もいますが、その人は父親にまつわる課題をこれからも解いていかねばならないのでしょう。夢で父との確執を解決した夢見者は、以後このような夢を見ることはありません。父親は「成仏」されたのです。いまだに父親との確執を夢に見られる人は、自分の夢をさらに注意深く見ていますと、必ずといっていいほど、それを解く夢が現れます。

夢と現実の違いや乖離《かいり》に注意することは、夢分析の大切な基本の一つです。

12 夢分析の実例

ではここで、プロカウンセラーによる夢分析の例をいくつかあげておきましょう。このような分析がすぐにはできないと思いますが、夢分析にも理解のレベル（深さ）があることを知っていただくためと、夢分析のコツをつかんでいただくためです。

夢の意味は、わからなければわからないままでいい場合があります。

人は誰でも、自分自身で受け入れられない自分の一面をもっています。夢の意味がわからないのは、あなたが自分の認めがたい面を受け入れられるまで、無意識が夢の意味がわかるのを保留しておいてくれるからです。夢からのメッセージは、ちゃんとわかるタイミングでわかるようになっています。無意識の思いやりは相当なものなのです。何といっても、あなた自身の無意識ですから。あなた自身がそれを気に入らないような「本質的なあなた」のことを無意識はしっかり守ってくれているのです。

では、簡単な夢分析から始めて、少し込み入った夢分析の例をあげてみましょう。

a　妻子が腐っていく夢

夢見者は中年男性で、仕事が趣味であるといった人です。

ベッドがT字形に並んでいる。自分の頭のほうにあるベッドには、妻と三歳の子どもが寝ている。変な形にベッドが並んでいるなあ、と思っていると腐臭がしてくる。妻と子どもが腐っていっていることに気がつく。あわてて目が覚める。

◆◆◆◆◆◆◆◆◆◆◆◆◆◆

現実と夢の差から夢分析を始めるのが原則でしたね。

寝室のベッドは子どもがいると普通は川の字に並んでいます。夢にあるT字形に並んだベッドは、ベッド同士が、側面衝突しているような形です。歩くときも並んでいると手をつなげますが、つっかかっているような形では、仲がよいとはいえないですね。最初の場の風景が、夢見者の家族関係を見事に表現しています。奥さんと子どもはいっしょのベッドで休んでいますので、母子関係には問題がないようです。しかし、このような夢の背景が飛んでしまうくらいこの夢は強烈です。なにしろ自分の目の前のベッドで妻子が「腐っていっている」のですから。むろん、現実の妻子が腐敗しているのではありません。「くさる」とは、心理的に腐っていっていることであるのは明白です。この夢では、妻子は腐っているのではなく、腐っていっている、と現在進行形になっています。今ならまだ間に合うのです。この夢は、強烈な警告夢です。おそらくこれに近い意味の夢を夢見者は何度か見ていると思いますが、それらの夢では、この夢見者にはまだ警告にはならなかったのでしょう。夢はついに最終的なメッセージを送りました。この警告を無視したら、この家族の行く末は心配です。おそらく夢見者が後悔したときは、すでに手遅れでしょう。

この夢を見たあと、夢見者は自分の仕事を見直しました。家に仕事を持って帰ることをやめ、できるだけ子どもと遊んでやり、妻の話を聞くようにしました。子どもは、父親と遊ぶのを楽しみにするようになりました。あやういところで、夢見者も家族も助かったわけです。そして、不思議なことですが、彼の会社での評判は、あれだけ仕事をしていたときよりもよくなったのです。なぜなら、彼は仕事熱心な反面、どこかに自分中心のところがあったのですが、まわりの意見をよく聞くように変わったからです。仕事をしないと不安であった夢見者の心に、家族との触れ合いをとおして、お互いの理解とペースの尊重がいかに大切かが伝わったのです。このように、夢は人生を変えるのです。

b　二重のスカートの夢

夢見者は二一歳の女性で、男性に対して恐怖心をもっていて、自然な態度がとれません。彼女は男性嫌いであるのに、よく友人（女性）と二人で歩いていると、男性たちが彼女にばかり声をかけるので、ますます男性に対して嫌悪感を強めていました。

神社でお祭りをしている。そこへ赤いマントを着ていく。二人の友人（小学校の同級生だった女性）に会って、話をするがなんとなくシックリいかない。そのうち私のスカートが変なのに気がついた。スカートの前は表地がついているのに、後ろは裏地しかついていない。前の表地は二重になっていた。……（このあとスカートを直そうとするが、男性からの性的な攻撃のためそれができない描写が続く）。

◆◆◆◆◆◆◆◆◆◆◆◆◆◆◆◆◆◆◆◆◆◆◆

すでに多くの読者が感じておられると思いますが、この夢でいちばんに訴えかけてくるものは、変なスカートです。前は表地が二重になっていて、後ろは裏地しかありません。スカートは風で捲《まく》れることはあっても、それで前だけが二重になるようなことは現実ではありません。もちろん、夢見者がこのような変なスカートをはいたこともありませんし、持ってもいません。これは夢の中の彼女自身のイメージであり、それを夢のメッセージとしてカウンセラーに伝えたがっていることがわかります。

カウンセラーは、彼女にこのようなスカートをはいている自分をイメージしてください、とやさしく言いました。彼女は急に顔を真っ赤にして、「これでは男性が注目するのは仕方がありませんね。私は前のほう（自分の目に見えるところ、意識）では、二重のスカートで隠しているのに、後ろ（自分の目が届かないところ、無意識）では男性を誘っているのかもしれません」と、穴があったら入りたいようなか細い声で応えてくれました。

彼女はこの夢を見たあとしばらくして、ボーイフレンドができました。二一歳の普通の女性になったのです。

夢分析としてはこれでじゅうぶんなのですが、プロカウンセラーたちがこうした夢をどのように感じながら分析をしているかについて、もう少し述べてみたいと思います。

夢の背景は、お祭りをしている神社です。お祭りは、日常の出来事ではありません。季節の区切りや、お祝い、祈願、神への感謝のために催されるものです。この夢のお祭りという背景は、夢見者にとっての何らかの区切りの時期であるようです。彼女は夢の中で二人の友人と話をしていますが、友人についての記述が夢に現れていませんし、特別な連想や印象もありませんので、二人の同級生は「普通に成長している女性」として、夢見者に比較する基準となるために現れているようです。

それと夢見者の服装がもう一つの特徴です。彼女は赤いマントを着ているのです。赤いマントを着た若い女性は目立ちます。マントの色をいろいろ変えて、彼女をイメージしてみてください。もし、マントが黒であれば彼女の印象がずいぶん違うでしょう。黄色だったらどうでしょう。交通安全のための小学生のようであるかもしれませんし、もっと違った目立ち方をすると思います。

このように考えていきますと、夢見者が夢で赤いマントを選んでいることには意味があります。女性性を赤で表すことは日本ではよくあります。トイレの表示も、女性は赤で男性は青です。女性には、赤が好きな人も多いようです。しかし、これらは日常の赤です。先に「なぜそのことを夢にまで見るのか」（36ページ）のところで述べたように、日常的なことを夢にまで見るのは、そこに非日常な意味があることが多いのです。

赤を着ている女の子には、特別の意味が込められていることがあります。「赤い靴はいてた女の子、異人さんに連れられて行っちゃった」という童謡があります。この女の子が、もし、黒い靴を履《は》いていたら、異人さんに連れて行かれはしなかったかもしれません。「赤い靴をはいている女の子」には、特別な意味があると思いませんか。

『赤ずきんちゃん』という童話があります。みなさんもよくご存じだと思いますが、お母さんのいいつけを守らず、「お花を摘む」という寄り道をしたため、狼に食べられてしまいます。お母さんのいいつけを守らなくなる典型的な時期が思春期です。「赤頭巾」というのは昔は生理の処理を三角巾でしていましたので、初潮を迎えた娘の象徴的な表現の一つです。また「お花を摘む」という表現は、今でも年配の女性の間で「トイレに行く」という意味で使われています。

お祭りに神社へ行くのに、赤いマントを着て行く夢見者は、二一歳ですが、まだ思春期的な心性をもっているようです。男性に対する恐怖心も、思春期の、それも初潮期の少女に近いのではないでしょうか。夢見者は思春期の心性を脱して、大人の女性の心性になるようにというメッセージであると、カウンセラーは感じました。そう考えると、この夢のメッセージがより明確になると思いませんか。どうして神社とお祭りが夢の背景となっているのか、別に登場しなくてもいいと思われるような同級生の普通の女性がどうして夢に登場したのかもわかります。夢のメッセージには、無駄がないものです。

もちろん、赤いマントを必ずそのように解釈するのは正しくありません。いちばん誤解してほしくないのは、「赤いマントを着た女の子は、思春期の女の子なのだ」と、固定解釈することです。これでは、下手な夢占いと同じになります。象徴とは、前にも述べましたように、ある夢見者が見る夢の中で、そのような表現をとる以上によい表現がないことをいうのです。

プロカウンセラーは、いろいろ知識もあり、人間の心性を知っていますので、このような解釈ができるのですが、こうした解釈ができなくても、「二重のスカートをはいている自分」をイメージするだけで、この夢は夢見者にじゅうぶんメッセージを伝えたと思います。だから実際の夢分析では、夢見者にそれをイメージしてもらっただけで、「赤のマント」のことも「友人」のことも、「神社やお祭り」のことも言っていません。

このように夢の中の印象深い情景をイメージするだけでも、あなたは自分の夢からかなりのメッセージを得ることができるのです。

c　黒犬にアキレス腱をかまれる夢

「二重のスカートの夢」で、少し夢分析に慣れてこられたと思います。では、読者のみなさんは次の夢をどのように分析しますか。分析というと堅苦しいですね。どのように考えますか、感じますか。素直に感じることが大切です。ただ、夢分析の原則は忘れず思い浮かべておいてください。

夢見者は中年男性で、これまで順調にエリートコースを歩んできた人です。

◆◆◆◆◆◆◆◆◆◆◆◆◆◆◆◆◆◆◆◆◆◆◆◆

大きな犬を連れて散歩をしている。雨が少し降っている。そこへ濡れそぼった見すぼらしい黒い小さい犬が自分にじゃれついてくる。はじめはそのまま放っておいたが、そのうちにチクチクと自分のアキレス腱をかみはじめる。痛いのと腹が立ってきたのとで、けとばそうかとか、連れている大きな犬をけしかけようかと考えたが、どこからかこの黒犬は自分にとって大切な犬だとの考えが浮かんで、それでそのまま、アキレス腱をかまれながら散歩を続ける。

夢見者は大きな犬を連れて散歩しています。犬は従順な動物であり、忠実な部下であり、自分の守り役であり、世話をする対象ですが、子犬か小型犬か大型犬かで印象がずいぶん違います。大型犬を悠然と散歩させている姿は、まさに順調にエリートコースを歩んできた夢見者を表すのにピッタリしています。雨が少し降っています。雨には恵みの雨もあり、洪水を起こすような危険な雨もあります。散歩しているときに降られる雨は嫌なものです。今まで順調にいっていた、夢見者の人生に暗雲が立ち込めているようです。そこへ濡れそぼった見すぼらしい黒い犬がじゃれかかってきます。見すぼらしい犬は、敵意丸出しの犬ではないようです。

人間はある生き方を選ぶと、それとは違う生き方はできません。彼が連れている大きな犬に比べて、黒犬はなんと見すぼらしい犬でしょう。彼は自分の中の見すぼらしい嫌な部分を切り捨ててきたのかもしれません。あるいは従順で力のある部下を重用し、そうでない部下を切り捨ててきたのかもしれません。夢見者は、せっかくじゃれてきている犬を放っておきました。夢見者に無視された黒犬は、今度はチクチクと夢見者のアキレス腱をかみはじめます。よりによってアキレス腱です。靴をかむので歩きにくい、というような程度ではありません。しかし、もっとよく読むと、黒犬は本気ではかんではいないのです。あきらかに自分を無視しないでほしいとのアプローチのようです。

この夢の印象深い、それだけに大切なメッセージは、夢見者は犬をけしかけようかとか、けとばそうと思ったりしたのですが、それを止めて、黒犬のなすがままにしておいたところです。彼はまだ本格的には黒犬にアプローチしていませんが、やがて本気になって黒犬にアプローチしなくてはならないことを、この夢は暗示しています。

この夢の中でいちばん大事なことは、「彼」がこの夢を見たことです。夢の主体は夢見者です。彼の無意識は、彼のこれまで順調だった人生に、暗雲が立ち込めだしていることを伝えているのです。今まで彼が省みなかった自分や他人をこれ以上邪険にすると、アキレス腱をかみ切られるような目にあうことを、夢は予感しているのです。そのことは、「どこからかこの黒犬は自分にとって大切な犬だとの考えが浮かぶ」という部分によく表れています。「犬をけとばしたり、大型犬をけしかけたりしてはいけない」、「今、アキレス腱を切られるような状況が迫っている。それを絶えず現実の生活でも意識していなさい。そのことが、たとえ、痛みをともなう苦痛なことであったとしても」ということを、夢は警告し助言してくれているのです。

現実世界での彼はこのころ、ただちに「黒犬」にアプローチする必要があったのだと思います。でも、彼はそれができませんでした。それでも「黒犬」を追い払わないでいることの大切さだけは、この夢によって自覚できました。その後しばらくして、現実に、この夢見者が簡単に処理できると思っていたことで、実は命取りになるような状況が迫ってきました。彼はこの夢によってそのことを予感していたので、今まで弱い人、ダメな奴と思っていた人たちに対しての態度を変えました。その人たちこそ大切なのだと夢から悟ったからです。そして、みんなに親切になり、感情的に怒ることが大幅に減りました。彼はこの困難な出来事によって大きな犠牲を払わされましたが、アキレス腱をかみ切られるまでには至りませんでした。それどころか、事件によって精神的に成長さえしたのです。この夢は彼の人生の転機になった夢の一つです。

この夢で印象的なのは、「二重のスカートの夢」における赤いマントのように、黒い犬の登場です。犬が白犬だったり、赤犬だったり、ぶち犬だったら、雰囲気がずいぶん変わると思いませんか。夢の表現には無駄がありません。プロのカウンセラーだと、「黒犬」といわれるだけでピンとくるような知識があります。赤いマントも同じです。

黒犬は夢見者の「影」を表すものとしてしばしば夢に登場します。「影」とは、自分の意識では認めがたい自分で、たえず直接的、間接的に自分に迫ってくるすべてのことをいいます。たとえば、自分の認めがたい性格や劣等なところ、両立しがたい思いなどです。これが、一般的に黒犬の象徴していものですが、こうした黒犬の象徴を夢に当てはめることを、普通は夢分析ではしません。

先ほどの夢を検討してみますと、黒犬がまさに影にあたるような具合に登場してきます。黒犬が夢では影として登場してくることが多いことから、黒犬が出てきたら、それも影を意味するような現れ方をした場合に限って、「影」として考えることです。ですから、黒犬が出てきたからといって、すぐに「影」として判断しないことが大切です。この夢は、黒犬が影の象徴表現としてぴったりしていますが、その先入観で夢を解釈すると、夢見者にぴったりする夢分析にならないこともあるのです。

くどくど述べたのは、このあと第2部で夢の分析をしていきますが、そのときあなたの夢にすぐに夢分析で示した象徴を当てはめないでほしいからです。いろいろあなたが印象的に感じたところを掘り下げてほしいのです。

d　無駄な時間を過ごす夢――少し込み入った夢分析――

今までの例では、夢の内容を聞いただけで、その意味がおわかりになられたと思います。今度は、プロカウンセラーが心理療法として行なっている夢分析を、より実際に近い形で述べてみたいと思います。

例示するのは、三〇歳の既婚女性の夢です。夫婦二人暮らしで子どもはありません。彼女は三人兄弟の真ん中で、姉と弟（いずれも既婚）がいます。

姉と姉の夫、私、私の夫の四人が、マンションの中庭のようなところで、Aさん（同じマンションに住む友だち）を待っている。Aさんと話をするためである。彼女は会社に行っていたので、帰ってくる道で待っている。どの道をとるかわからないので、いろいろ移動しながら今か今かと待つ。長いこと待ったが、けっきょく今日は実家へ行ったようで、このマンションには、戻ってこないらしい。無駄な時間を過ごしてしまったと思う。

◆◆◆◆◆◆◆◆◆◆◆◆◆◆◆◆◆◆◆◆◆◆◆◆

夢分析をするとき、私は原則として夢を書いてきてもらいます。どうしてかといいますと、夢は忘れやすいのと、会話とは違って、その中に矛盾や飛躍や現実離れしたところがありますので、聞いているだけでは理解が困難だったり、覚えられないことがあるからです。

まず、夢を見た人に、ひととおり読んでいただきます。その間に、私の心を打ったり、オヤッと思うところ、その夢に対する私の印象や、夢見者の夢を読む態度を頭のどこかにインプットしておきます。

夢見者が夢を読みおわりますと、その夢について説明してもらいます。それから夢に関して思いつくことを、思いつくままに語ってもらいます。これを、夢の連想を聞く、といいます。

彼女は「Aさんは私と同じマンションに住んでいる友だちです。一人娘で、実家との結びつきが強く、実家にうまく甘えている人です」と、Aさんについて説明してくれました。固有名詞は、分析者には意味がわかりませんので、夢を見た人から説明がないときは質問をしますが、ほとんどの場合、彼女のように説明してくれます。

夢見者の説明は、二重の意味で大切な情報です。一つは客観的な情報で、もう一つは主観的な情報です。この場合、「Aさんは同じマンションに住んでいる友だちである。一人娘である」というのが、客観的情報です。「実家にうまく甘えている」が、主観的情報です。「一人娘である」というのも客観的情報なのですが、「同じマンションに住んでいる」とは少し異なる意味合いをもっています。それは、Aさんのことを説明する場合に「同じマンションに住んでいる」は、必要な状況説明であるのに対して、「一人娘」はAさんに関する多くのデータの中から、夢見者が特別に選び取ったものであり、これがなくてもAさんを説明することはできるからです。なくてもいい説明が入ることは、この情報が夢分析をするのに大切な情報だと、彼女の無意識が、夢分析者に伝えているのです。「実家にうまく甘えている」という、主観的な情報も大切です。なぜなら、そこに夢見者の感情と心が現れているからです。「一人娘」と「実家にうまく甘えている」を結びつけると、夢見者に対するある種の印象が出てきますよね。

夢の登場人物は、Aさんを除くと、夢見者の姉、姉の夫、夢見者の夫と夢見者自身です。兄弟の中で弟だけが出てきていないのは、意味があるかもしれませんが、今のところはわかりません。弟とその配偶者だけがこの夢に登場しないことは、弟夫婦はこの夢とは関係がないのかもしれませんし、彼女が夢にまで見なければならない課題を、弟はすでに済ませているのかもしれません。弟夫婦が現在行なっている役割を、姉と夢見者がこれから行なわなければないことを意味しているのかもしれません。しかし、読者にはあまりにも煩雑だと思いますので、ここではひとまず置いておきます。

この夢見者は、連想や説明を自分からはあまりしない人でした。Aさんについて語ってくれたあとは、少し間があきました。そのまま待っていてもよかったのですが、これまでの経験から、待っていても自発的に次々と説明してくれるとは思えなかったので、こちらから印象に残っていることの連想を聞くことにしました。

「無駄な時間を過ごしてしまった」というところに現実的な実感を感じましたので、「無駄な時間を過ごした、という感じが、現実でもありますか」と聞きました。夏に頑張りすぎて疲れてしまったのか、このごろ「しなければいけない仕事があるのに、それをテキパキとこなすことができず、あとから無駄な時間を過ごしたと思うことが多いのです」と答えてくれました。「無駄な時間を過ごしている」という、現実の状態が述べられましたが、このことは日常でもじゅうぶん意識されていることなので、夢にまで見る必要性は感じられません。それにこのことは、夢の前半の内容にはあまり関係がないように思えます。先にも述べましたが、現実と夢の差を、現実感覚から吟味することは、夢分析では大切なことです。

この夢では、近くに住んでいない姉夫婦と夢見者夫婦が、「マンションの友だちであるAさんと話をしなければならない」というのは、もし現実ならば、それはかなり重要な内容であるに違いありません。このことを指摘しますと、実際には、Aさんは、近所づき合いをする程度の友だちであって、夢のように重要なことを相談することはないし、今のところAさんに相談するような問題もない、と夢見者は不思議そうな顔をしました。

それでは、どうしてAさんは夢見者の夢に登場してきたのでしょう。敏感な読者なら気づいておられると思いますが、「一人娘で、実家との結びつきが強く、実家にうまく甘えている人」という、夢見者の感情表現のために登場してきたというのが自然ではないでしょうか。

この点を指摘しますと、夢見者の連想が活発になりました。「自分も姉も、実家や両親に頼っていないし、甘えるのも下手です。親も私たちを甘えさせるのがうまくありません。姉も私も、親に甘えたかった思いが今でもあるのでしょうね。Aさんを待っているのは、彼女から実家とのつき合い方や甘え方を学び取りたいのかもしれません。でも、夢では長い間待っていても会えませんでした。Aさん自身は実家へ行って、実際に甘えていることを実践しているようです。Aさんに相談するのではなく、自分たち自身でそれを獲得しなければならないけれど、その道のりはかなり遠いようですね」と、夢からのメッセージを受け取ったようです。そして弟夫婦が登場しないのは、「両親が年を取ってきたので、家を建て替えて、弟が渋々ながら実家に帰ってきました。でも嫌々だと思っていたのが、この間実家へ帰ったときに見た弟の様子では、けっこう彼もうまく実家に頼っているようなところがありました」と夢見者は一気に語ってくれました。

ここで注意していただきたいのが、夢の登場人物が、姉と夢見者の二人ではなく、姉夫婦と自分たち夫婦だということです。もし、姉や自分と、実家の両親との関係なら、それぞれの配偶者を夢に登場させる必要はありません。配偶者の片方が、実家や親の問題を抱えているときは、必ずといってといいほど、もう一方も同じような心理的問題があることが多いものです。夢分析者が「この夢では、どうしてお姉さんもあなたも夫婦で登場していると思いますか」と軽く質問を投げかけると、一瞬間があって、夢見者は「私の夫も姉の夫も甘えるのが下手で、親子関係が複雑です。だから夫婦で出てきたのですね。これはなかなかむずかしい問題ですね」と、険しい顔をして呟くように話されました。

妻も夫も互いに相手の実家が悪いと思っていることが、離婚の調停場面や夫婦のカウンセリングなどではよくあります。「夫婦は五分五分」のことが多いものです。夢はこのことも夢見者に伝えたいようです。

これで、夢見者はこの夢に関するメッセージをすべて受け取ったように見えますが、夢はまだまだ深い意味をもっています。それは何でしょうか。夢に登場しているのに、まだ分析されていない個所はどこでしょうか。

それは「無駄な時間を過ごしてしまった」というところです。「無駄な時間を過ごしてしまった」というのは、夢見者の最近の状態であると最初に夢見者は述べました。最近の状態が、どうして前述した「甘え」や「実家」との関連で出てきたのでしょう。この点がまだ分析されずに残っているのです。「無駄な時間を過ごしてしまった」と、夢をこのように締めくくってしまいますと、これ以上問題を深めるようには発展しないでしょう。彼女が甘え上手になるためには、Aさんを待つのではなくて、せっかく集まった姉夫婦といっしょにこの問題を話し合えばいいのです。それがむずかしいなら、一人でその課題に挑戦する必要があります。「無駄な時間」ではないはずなのです。

夢見者は、感情をストレートに表現したり、受けとめたりするのが苦手な人です。彼女はいつも「○○だった」と感情を掘り下げずに、そこで止めてしまうのです。夢は、そのような彼女の性質を夢をとおして彼女に伝えようとしているのですが、このレベルのことまではなかなか本人には伝わりません。それでも夢は今後とも「このようなまとめ方をあなたはいつもしてしまうのですよ。それがあなたの感情を掘り下げるのを止めている、あなたの巧妙な自己防衛なのですよ」とメッセージを送りつづけてくれると思います。彼女にとっては、今の段階でそこまで掘り下げることは大変な課題だからです。彼女はカウンセリングの場では「感情を素直に表現し、素直に受けとめられるようになりたい」と、常々言っていますし、それが夢分析を受けたくなった動機でもあるのですが、もう少し時間がかかるようです。でも、ここまで夢がハッキリ問題点を示してくれましたので、夢分析者はこのことを含めて、彼女の夢を分析しました。

以上、プロカウンセラーの夢分析は、プロの料理人が素材を少しも無駄にしないで一つの料理をつくるように、骨までしゃぶりつくすように分析しているのです。ただ、料理人と違って、夢見者が食べたくない料理も夢分析では出てきます。プロカウンセラーは、夢見者がそれを消化できると考えるまで、夢分析の内容を伝えませんし、そこまでは分析せずに置いておくのです。夢見者がいつその素材を消化できるかは、これまた夢が教えてくれることが多いのも、夢分析の特徴です。夢見者の夢がそれを教えてくれるときもあれば、なぜかカウンセラーの夢の中に登場することもあります。夢見者とカウンセラーの無意識が交流しているのではないかとさえ思われるほど、夢はうまくできています。

それでは、これから夢によく出てくるテーマを取り上げて、プロカウンセラーの実際の夢分析についで述べていきましょう。あなたがここで取り上げられているテーマに近い夢を見られたら、ぜひ自分で夢分析をしてみてください。自分でよくわからない場合は、信頼できる人とお互いの夢を相互に分析してみてください。セノイ族のようにです。

第2部

夢分析の実際

誰でも見る夢、身近な夢

1 トイレの夢

みなさんが一度は見たことのある夢として、トイレの夢があると思います。その多くは、トイレに行きたくて行きたくてしかたがなく、トイレを捜す夢でしょう。トイレを捜し回るのですが、人が一杯でできなかったり、汚れがひどくて入るのを躊躇したり、ガラス張りで外から見える、鍵が掛からない、というような夢だと思います。そして、捜し回った末に目が覚める、というような夢ではないでしょうか。目が覚めますと、たいてい膀胱が一杯になっており、急いでトイレに駆け込んだといった経験は誰にでもあるでしょう。

ときには、何とかトイレはすませたのに、すぐにまた尿意をもよおしてきて、ついに目が覚めるというようなしつこい夢もあります。また夢の中で一度排尿し、目が覚めてからそっと夜具を触ってみて、濡れていなくてホッとしたという経験もあるかもしれません。老人や子どもはこのようなときに、実際にオネショをしてしまうようです。夢の中では、トイレはトイレとして実感していますものね。

ここに述べましたようにトイレの夢を見て、目覚めたとき尿意があれば、それは夢分析する必要もない夢です。どうして、このような夢を見るかといいますと、トイレに行くために目覚めると、当然のことながら眠りが中断されます。眠りが中断されるのは、心地よいものではありません。夢には、あなたの眠りを継続させておいてあげたいという心遣いがあるのです。冬の寒い日など、温かい布団から出てトイレに行くには、大げさにいえば勇気がいるくらいです。それでもあまりに眠りを継続させすぎますと、オネショをすることになり、これまた厄介なことになります。そこで夢は、ぎりぎりのところであなたを目覚めさせるのです。

ですから、夜尿の子どもたちは、起きたくない、目覚めたくない子どもたちなのです。現実の世界がその子にとって厳しいと、目覚めたくない気持ちが強くなり、限界を越えて寝てしまうのです。夜尿の子どもに水分を控えさせてもあまり効果がないのはこのためです。水分を控えると夜尿の量は減りますし、起きる回数も減るので多少の効果はありますが、それは根本的な解決にはなりません。そうでしょう。あなたがビールを大ジョッキに三杯飲んだとしても、夜尿にはならないでしょう。トイレのために何回も起きることはあっても。現実が楽しくなれば、自然に子どもの夜尿は減るのです。少し、寄り道をしましたので、本題に戻りましょう。

トイレを捜し回ってもできない夢では、目覚めても尿意がない場合があります。第一部で、現実と夢の差を考えることが必要だと述べましたが、この場合は、トイレの夢を見ることが、眠りを継続することにはならず、逆に邪魔をしていることになります。目覚めてもトイレに行きたいわけではないので、夢の意味が、前述したポピュラーなトイレの夢とは異なっています。

またこれとよく似た夢で、一応トイレには行きたいのですが、行っても出ない夢があります。夢見者が男性の場合は、初期の前立腺肥大症の場合がありますので、この点は注意されてもいいかもしれません。睡眠時は、かすかな刺激でも敏感に感じますので、微弱な腹痛の夢が、胃潰瘍や胃腸病の初期の予告であることがあるからです。

しかし、ここで述べたいのは、目覚めたときに、尿意や便意（この場合の夢では、尿意より便意のほうが優勢な場合が多いのですが）がないにもかかわらず、トイレに行きたいとトイレを捜し回る夢です。読者のなかには、もよおしていないのにトイレの夢を見る人などいるのかと、疑問をもたれる方があるかもしれません。たしかに、最初の単純なトイレの夢に比べると少ないのですが、それでもけっこうこのような夢があるものです。現実と違うことを夢にまで見るのですから、これは夢分析の対象となる夢です。

トイレは排泄行為、つまり溜まったものを出す行為です。溜まったものを出す場所がトイレです。トイレこそ溜まったものを出せる、最適の場所なのです。われわれは、日常生活を送っていますと、いろいろな思いが溜まります。溜まったものを、時や相手や場所を考えずに出してしまいますと、社会的に不適応な人となってしまいます。でも、溜まったものを出さないことには、ストレスにやられてしまいます。新しいものを取り入れることができなくなります。このような夢を見た夢見者は、まず、自分の溜まったものを最近出せているか、出せる相手をもっているか、出せるような場所があるのか、を点検してみてください。

これは、心の排泄物が溜まっている夢なのです。心の排泄物にもそれを排泄するトイレが必要なのです。でも、なかなか普通のトイレのようにどこにでもあるというものではありませんので、このような夢を見るのです。

カウンセリングを受けに来られる方のなかには、自分の思いや気持ちを他人になかなか言えない人がいます。そのような人のなかに、よくトイレができない夢を見る人がおられます。自分の気持ちをだんだん周囲の人に表現できるようになったときに、綺麗なトイレでゆったり用を足す夢を見る人も多いのです。心の澱《おり》の発散に、心のトイレは欠かせないものです。

また実際のトイレとストレスは大きく関係しています。みなさんも人前で話をする、試験を受ける、舞台に出るなどの前に、トイレに行きませんか。そんなに溜まっていなくてもです。このようにストレスとトイレは日常生活でも密接な関係がありますので、夢の世界でもつながりがあるのでしょう。先生に叱られて怖いときに、おしっこを少しだけちびると落ちつく、と言っていた小学一年生の子どもがいましたが、なかなかの発見だと感心したことがあります。

トイレの夢には、もっとすさまじいものもあります。

トイレの夢

私は、古い小学校の木造の校舎で用を足そうとしていた。用を足していると、汚物がだんだん増えてきて、足元からそれが上がってくる。しまいには、口元まで汚物が迫ってきて、叫び声を上げて目が覚める。

夢見者は中年の女性です。目覚めたときに便意はありません。それよりも気持ち悪さとむかつきと汚物に呑み込まれるような恐怖を彼女は感じていました。この人は、小学校時代からこの夢をときどき見て、見たときはいつも叫び声を上げていたそうです。

この夢には単なるトイレの夢という以上の、汚物に呑み込まれるような恐怖感があります。古い学校のトイレはくみ取り式なので、いつも汚物が溜まっており、この夢の背景となりやすい感じがありますが、水洗トイレしか知らない人でも、汚物が吹き出してきて呑み込まれるような夢を見る人があります。この夢は夢見者の小学校時代の心理的環境がベースになっていると思われます。現実のトイレでは、このようなことはありませんが、近似的な現象としては、洪水に呑み込まれた感じに近いと思います。洪水と汚物では、前者が自然の産物なのに、後者は人間の排泄物だというところが違います。溜まった誰かの汚物に襲われ呑み込まれている、というのが夢の夢見者へのメッセージです。

私が夢分析で出会った人で、このような夢を見た人の多くは女性でした。小学校時代、がまん強いよい子だった人で、お母さんの心の悩みや愚痴の聞き役をしていた人たちです。母娘の関係はなかなか微妙なものです。母親は男の子には、なかなか自分の悩みや深い思いを言いませんが、娘には同性のよしみでついつい漏らしているようです。娘たちは幼いので、それを消化できません。母親の汚物を知らない間に、呑み込まされているのです。呑み込まされ、詰め込まされる物は、汚物だけではありません。汚物と反対のように思える小鳥の羽のようなものを夢見た夢見者もありまし

トイレの夢

た。喉に一杯詰まってくる浮遊する羽は、夢見者にしては汚物以上に厄介なものです。なかなか取れませんし、自然に漂ってくる羽が喉に詰まっていきますので、夢見者には防ぎようがないのです。母親（母性）は子どもを育て慈しむと同時に、子どもを自分の所有物（管理物）として呑み込むようなところがあります。特に同性の子どもに対しては、自分の心の排泄物や抜けた羽（埃のような漂うイメージ）を無意識的に排出してしまうようです。

ですから、現実にこのような夢を見るのは、夢見者が小学生などの子どものときが多く、彼らにとっては、何が何かわからず恐怖そのものの夢です。が、中年になって、夢分析の場に持ち出されたときは、それは夢見者の母（知らず知らず刷り込まれた母親の考えや価値観）からの真の独立を意味しているように思えます。呑み込まれる夢、汚物や厄介なものを呑み込むような夢を見られた方は、母子関係を見直してください。また、今現在の人間関係で、母親と似た感じがする関係（夢見者が母親に近い年齢の場合は、その逆に娘と似た感じの人との関係）を一度検討しなおしてみてください。そして、夢があなたに伝えたがっているメッセージを受け取ってください。

最後に少し夢見者の背景を付け加えておきましょう。彼女はこの夢を見て、目覚めたときにはいつも「父親に頼まなければ…」というフレーズが、強迫的に浮かんできたといいました。彼女の家では昔、くみ取り式のトイレが溜まったときに、それをくみだすのは父親の仕事だったそうです。そう考えるとこの夢は単に母娘関係だけでなく、その背後にある、母を支え、母の気持ちを慰めるべき父親に問題があることを伝えています。父親の力を借りないと、母親の排泄物は直接娘を呑み込んでいくのです。実際、この夢見者は、常々父親は自分の力になってくれないと思っていたそうです。このように個人の情報が付け加わりますと、夢分析はいっそう豊かになります。

トイレの夢には、トイレそのものは出てこないのですが、おもらしをしたり、トイレ以外の場所で用を足す夢があります。ここまで読んでこられた読者は、簡単な夢なら、自分で夢のメッセージが読み取れると思います。

おもらしの夢を見ても、実際におもらしをされてはいないと思います。しかし、実際のおもらしに対して心配が生じていたり、日ごろ老化を感じておられるなら、この夢は、老後についてしっかり考えてほしいというメッセージをあなたに伝えたがっています。そういう心配がまったくない人は、他人との会話の中でもらしてはいけないことをもらしたり、匂わせたりしていないかを点検してください。もらしてはいけないことをもらしたり匂わせたりすることは、やがてあなたの信用を落とすことになります。あなたの無意識（夢）は、あなたの将来を心配しているのです。

トイレ以外で用を足す夢は、不適切なところであなたの排泄物を出しているわけですから、あなたの汚物（心の汚物・愚痴やストレス）を不適切な場所でばらまいていないかを点検してください。そうしないと、やがてあなたとつき合う人がいなくなるか、あなたとつき合わなければならない人を心の病やストレス病に落とし入れてしまうおそれがあります。

そのほか、下痢の夢を見たときは、まず現実の消化器疾病の有無を点検したうえで、異常がなければ、あなたの現実の生活で消化不良に陥っている点がないかを調べてみてください。逆に、便秘の夢は、これも現実の生活を振り返ってみて、便秘していなければ、あなたが人にまかせればよいようなことまでも自分で背負いすぎていないかとか、ケチになりすぎていないか、自己表現のタイミングを逃していないかなどを点検してみてください。

不適切な場所にもかかわらず、積極的にトイレをしている夢があります。プロカウンセラーなら、すぐに思い出すのが、ゲシュタルト療法の創始者であるパールズが行なった夢のワークで、「絨毯《じゅうたん》におしっこされる夢」です。パールズは夢のワークで、この夢見者が絨毯のように踏みつけにされ、ついには小便をひっかけられるようなつらい思いをし、深い屈辱感を抱いていたことを見事に、夢見者自身に実感させています。この夢は、攻撃性が夢見者本人に向かっており、まず自己嫌悪に陥り、それを自覚し、受け入れ、立ち直るという、本人にエネルギーを与える夢ですが、攻撃性が他人に向かうトイレの夢もあります。

トイレの夢

◆◆◆◆◆◆◆◆◆◆◆◆◆

私は古い校舎のトイレで用を足す。すごく遠くへ勢いよく飛ぶ。右に悪そうな男子学生がいる。いつもより勢いよく飛び、途中に置いてあるその悪そうな学生の黒い鞄にかかるが、まあいいかと思う。その学生も同調して許している感じがある。

夢見者は四〇歳の男性です。彼はときどき感情が爆発するところがある人です。特に、わかっていないのに偉そうにする専門家や上司、平気で倫理を犯すような若者に対して、独特の正義感がはたらくのです。本人自身は自分を正義感のある人とは思っておらず、むしろ反体制的な自由人だと感じています。中年になって爆発は減ってきましたが、それでもときどき周囲の人が不思議に思うほど熱くなります。この夢はそれをよく現しています。悪そうな学生に対して、無意識的な攻撃性が高まり、自分の用便をコントロールできなくなっています。小便はその学生の鞄にかかります。「唾を引っかける、引っかけられる」「小便を引っかける、引っかけられる」は、喧嘩の始まりです。この夢の特徴は、激しい攻撃性が他人に向かうのですが、夢見者本人がそれを「まあいいか」と思い、攻撃的な感情や謝罪しない自分を受け入れているところと、同時に、自分の鞄に小便を引っかけられた、悪そうな学生もそれに同調して許しているところです。攻撃性は心にもない謝罪をすると止まらずに反復します。自分の中の攻撃性を認めると減少します。攻撃した相手が反発すると、攻撃性はよけいに高まります。それが理不尽であってもです。この夢は、夢見者にそれらの知恵を伝えています。彼の攻撃性の爆発は、この夢のあと減少しました。読者のなかには、悪そうな学生なら、自分の鞄に小便を引っかけられたら怒るのではないか、と思われるでしょう。現実なら当然そうなるのですが、そこが夢の夢であるゆえんなのです。合理的でなくてもよいのです。夢は夢見者のためにあるのですから。

女性の夢には、相手に小便を引っかけるような夢はあまり出てきません。あっても、そのときは夢見者は男性に変身しているようです。しかし、女性には、もっとすさまじい夢があります。

私は好きな人のベッドに一人で寝ている。ふと気づくとそこで大便をしていた。

江戸時代には、殿様に見初《みそ》められた女性が、奥に上がるように要請されることがありました。現代とはちがって、多くの女性たちはそのことが家の利益をもたらし、社会的にも出世したという評価をされるため、実際の心の中はわかりませんが、普通はその運命を受け入れていたようです。しかし、好きな人がいたり、どうしても殿様が嫌だったりしたときに、拒否はできませんので、用いたのがオネショをすることだったようです。殿様に小便をかけるようなことになっては大変なので「お褥下《しとねさ》がりの小便」として、慰労金をいただいて実家に帰されたようです。このようにトイレ以外のしてはならないところで用便をするということは、人の運命を変えるほど強烈な行為なのです。

右の夢は「一人で好きな人のベッドに寝ていた」夢です。好きな人といっしょに寝ていたのなら、この人が大便をしたはずはありません。よく考えてみると「一人で」好きな人のベッドに寝なければならないほど、寂しいことはありません。それも好きな人を待ちながら、一人で寝るのなら甘い夢の一つも見られるというものですが、好きな人がいながら、別れたのか、思いがかなわないのか、好きな人は出ていってもう帰ってこないのか、とにかくそうした状況でこの夢を、夢見者は見ているのでしょう。犬などの、人間と豊かな感情の交流があるペットを、何日か留守にして独りぼっちにさせますと、好きな飼い主のベッドやお気に入りの場所に大便をすることがよくあります。夢見者は人間ですので、動物のように現実に大便をすることはありません。だからこそ、このような激しい行為を夢で見るのです。しかし、好きな人に対する思いや寂しさは、動物の思いと同じで純粋だという点には、共通するものがあると思います。

この点に関しては、「ヘビの夢」のテーマのときに述べようと思いますが、好きな人への思いがかなわないときは、女性の情念はすさまじいほど高い攻撃性に転じます。ヨハネを思うサロメや、安珍を慕う清姫の情熱がどれほどすさまじかったかは、多くの人の知るところです。夢見者はこの夢を見ることによって、実際にサロメや清姫にならなくても済んだのです。自分の好きな人に対する情の濃《こ》わさを、この夢が彼女に教えてくれています。一つの夢が、彼女の運命を変えるかもしれないメッセージを含んでいるのです。

この夢のメッセージがわからなかった読者は、夢分析の要点である「現実と夢の状況の差」と、「どうして夢にまでこのことを見るのか」という点をもう一度、検討してみてください。たとえ夢を見たそのときにメッセージがつかめなくても、この二つを考えつづけていますと、メッセージが浮かび上がってきます。また、そのことを考えるプロセスが、あなたにいろいろなことを知らせてくれます。それが自分にとっての夢分析の意味であり利益なのです。

2 食べる夢

フロイトは、夢の機能を願望充足だと述べています。その例として、娘のアンナがお腹をこわして寝ているときに、自分の好きな食べ物を寝言で言っているのを聞き、「夢で好きなものを食べているのだなあ」と、アンナが夢で食べたい気持ちを満たしていると考えたのです。

　みなさんのなかにも、御馳走を食べる夢をごらんになった方も多いと思います。しかし、そのような食べる夢では、食べる直前に目覚めてしまうこともしばしばで、残念な思いをされたかもしれません。また、御馳走を食べ終えるまで目が覚めなかった人も、目覚めたとたんに「なんだ、夢か」と思われるのではないでしょうか。たしかに、夢には願望充足の機能があるのですが、願望充足といってもそう単純ではありません。夢の中で御馳走が食べられて、満足感を感じた夢見者にとっては、その夢は願望充足になりますが、目覚めた途端に残念な思いがわくと、それは一転してフラストレーションの夢になってしまいます。

　何度も述べますように、夢は夢見者のものです。夢見者の感情と状況によって夢の意味は変わるのです。食べる夢でも、御馳走を食べる夢ばかりではありません。食べられないものを食べる夢や食べさせられる夢もあります。みんなには食べ物がじゅうぶんあるのに、自分のところにだけは何も食べ物がないという夢もあるのです。何を食べるかによっても、誰と食べるかによっても、夢の意味は異なってきます。それでは、少し食べる夢を見てみましょう。

◆◆◆◆◆◆◆◆私はレストランにいて、夕食を注文する。一度席を離れたためか、ライスが片づけられている。もう一度前の空いた席へ行こうとすると、そこへもお客がきていて一杯になる。

この夢は、夢見者がお腹を壊していて、何も食べていないときに見た夢です。先ほどのアンナの夢と比較しますと、アンナも夢見者も共にお腹を壊しているので、実際は何も食べられない状況であるのは共通しています。しかし、アンナが自分の好きなものをいっぱい食べている夢を見ているのに対して、この夢見者の場合は、ちょっと席を離れたあいだにライスは片づけられるし、別の席へ移動しようとしても、そこも一杯になり、結局のところ空腹のままでいなければなりませんでした。アンナが夢で空腹を満たそうとしたのに対して、この夢見者は夢で自分の空腹を再確認しただけです。同じような状況で同じように食事のテーマを夢に見ても、夢見者によって、見る夢が一八〇度違うことを理解いただけたと思います。

夢見者はいったいこの夢で何を満たそうとしたのでしょうか。お腹が空いていることの再確認だったら、わざわざ夢にまで見る必要はないと思いませんか。夢は、夢見者に何を言いたかったのでしょうか。

夢見者本人にも、そのことを確認してみました。近況を聞いてみますと、夢見者は最近どこか満たされないものを感じていました。自分の意見を言ってもなかなか相手に通じず、イライラさせられることが頻繁に起きたそうです。特に、力のない上司に意見を言ったときにそれを強く感じたといいます。夢見者はだんだん意見を言うのが嫌になり、そのような会議や会合には出たくなくなっていたのです。ときには、中座することさえありました。会社の仲間はそのような夢見者に対して、気持ちはわかるが、あまりにも短絡的ではないかと批判的でした。もう読者のみなさんにはおわかりだと思いますが、食事のときに席を離れてはいけない、というメッセージを夢は夢見者に言いたかったのです。席を離れたら最後、あなたの食事はおろか、あなたの席もなくなります。夢見者は、自分の意見が受け入れられなくても、最大の努力をし、席を離れてはいけないのです。

似たような夢をもう一つご紹介しましょう。

◆◆◆◆◆◆◆◆◆◆◆◆◆◆◆◆◆◆

公園のような所にいる。大勢の人がいて、これからそこでお弁当を食べようとしている。私は石のところに腰をかけて食べようとするが、気づくと、上から水が流れてきて、石が濡れていて座れない。食事はみんなお盆に載せてあって、少し離れた草地で座りたいと思うが、汁物もあるのでこぼさずに持っていくのがとても大変だ。

この夢見者は若い女性です。彼女には少し対人恐怖があります。女性は一人でいるのが苦手な人が多く、お弁当もみんなで食べることを好みます。特に思春期の女性は、トイレ友だち、お喋り友だち、お買い物友だちと群れることを好み、人づき合いの練習をします。これは、後々の子育てに、近所づき合いや友だち関係が必要だからです。思春期にこの練習をしていない、一人ぼっちだった女性は、育児が下手だと言われています。子どもを虐待する母親は、近所づき合いが下手かつき合いがない人が多いようです。

大勢の人が公園で寄り集まって食事をしていますが、夢見者は食事をする場所が水に濡れていて座れません。いっしょに食事をする人もいません。少し離れた芝生のほうにも、食事をこぼしそうで行けないでいます。夢見者には、食事をする場所がなかなか見つからないのです。

ホームドラマを見ていますと、必ずといっていいほど食事の場面が出てきます。友人になる、恋人になる、会社間の絆を強めるなど、人間関係を密にするためには会食が必要です。みんなでいっしょに食事をしなくなったり、食事をいっしょにするのが嫌になると、家族関係でも友人関係でも恋人関係でも破綻をきたします。食事は人間関係にとってそれほど大切なものですので、夢での食事場面はその人の対人関係を示していることが多いのです。

さて、夢のメッセージを受け取るために、この夢における現実との相違点を見てみましょう。食事はみんなお盆に載っています。お盆に載せられていないと食事を運ぶことは大変ですが、お盆に載せてあるので、汁物でも少し注意すればこぼすことはありませんし、たとえこぼしても全部はこぼれません。
カウンセラーがこのことを指摘しますと、夢見者は「たしかにそうですね。私が注意すれば運べるのですね。準備はできているのに、私が臆病なだけなのですね」と、自分の対人恐怖についての改善の準備ができつつあることに気づきました。この夢分析のあと、夢見者の人間関係は少しずつ改善されていきました。

食べる夢

今度は逆に夢で食事ができて満足した夢を見てみましょう。

前にも行ったことがある街の一角のお店に、一人で入っていく。見渡すとテーブルは満席なので、らせん階段を上がって席を探す。……また、その街の別のお店を探している。……たくさんの品数の料理が並んでいる。これは夢だから食べる前に消えてしまうと思っているのに、意外なことに、料理を味わえてびっくりし、しかも満足できた。

この夢の特徴は、レストランで食事をする夢なのに、なかなかお店が見つからないことです。お店を探す場面はどういうわけか夢では忘れられています。別に忘れなければならないほど心にショックを与えるような内容ではないように思われるのですが。
食べる夢は、食べる直前で目覚めることが多いのですが、これはトイレの夢と同じで、夢で食べたとしても空腹が満たされないからです。たとえ夢の中で食事ができたとしても、実際の空腹は埋まりません。夢の中でトイレに行っても、実際にオネショをすることはなくて、トイレへ行きたい欲求が解消されないのと同じです。

これだけレストランを探し回るのですから、夢見者は相当空腹だったのかもしれません。カウンセラーがまずそのことを聞いてみると、夢見者はそう空腹でもなかったと言います。トイレの夢でも、普通はトイレへ行きたい欲求があるものですが、ときには尿が溜まっていなくてもトイレの夢を見ることがあり、その場合は別の意味があることはすでに述べました。

現実の夢見者は、自分は不運な人間だと思っている人でした。自分に運が向いてきたと思ったら、いつも誰かがそれを奪ってしまうか、自分のものにできなくなるような事態が突発するというのです。その意味で夢見者は、いつも現実世界で折角の料理を食べることができなかったのです。ところが最近、運命の環境（ちょっと変な表現ですが）が、変わってきました。自分のほうに幸運の風が吹いてきたときに、それを何度か捕まえることができたのです。夢見者はそれまでは淡白で粘りがありませんでした。粘ること自体に抵抗を感じる気持ちがありました。今は、前よりだいぶ粘り強くなった自分を感じています。そのようなときに見たのがこの夢です。

夢では、レストラン探しを諦めないで、何軒も探しています。夢の記憶が中断するくらい夢見者はレストランを探し回ったのです。それが、かつては幸運が夢のように消えてしまった夢見者に、夢のように消えるはずであった御馳走を食べることを可能にしたのです。

次にちょっと深刻な夢をご紹介しましょう。

食べる夢

友人のA子が突然訪ねてくる。私は食事のしたくをしていた。ありあわせだが、家にあるものをみんな食卓に出した。A子は食欲旺盛である。ふと気づくとA子は私の分も食べている。私がそれを指摘すると「あら、あなた、いらないから食べてと言ったでしょ」と言うが、私はそんなことを言った覚えがない。

◆◆◆◆◆◆◆◆◆◆◆◆◆◆◆◆◆◆

実際に友だちのA子さんがやって来て、夢見者が家にあるものをすべて食卓に出して歓迎したのに、A子さんが自分の食欲を満たすために夢見者の分まで食べてしまうようなことがあったのなら、夢の意味は夢分析をしなくても明白です。A子さんの現実の行動が夢のとおりなら、夢見者はかなりA子さんに腹を立てていたでしょう。もし、そのときに感情を直接A子さんにぶつけていたら、夢見者はきっとこの夢を見なくても済んだでしょう。しかし、夢見者はA子さんにあきれかえって、そのとき言いたいことが言えなかったのです。だからこの夢を見たのです。せめて夢ででもそれを表現しなければ、ストレスが解消されませんから。

しかし、実際のA子さんがこのような人ではなく、むしろ普段はこうした行動とは逆に、自分のものでも人に与えようとする人であり、どうしてこのようなA子さんを夢に見たのか、夢見者が不思議に感じたとしたら、夢のメッセージは違ってきます。夢見者の夢は、「A子さんは厚かましいばかりでなく、せっかくいっしょに食事をしようと思っているのに、自分だけ先に食べて、しかも作ってくれている友だちの分まで食べるような無神経な人です」と語っているのです。人は日常接しているときには、わからないところがあります。それは、日常ではこなさなければならない課題や仕事が目の前にありますので、相手の背後に隠れている性格にまで目が行き届かないからです。背後にばかり目をやっていますと、自分のほうが疑い深い人になってしまって、仕事がはかどらなくなります。しかし、人間の直観はけっこう鋭いところがあり、どこかで相手の背後にある本質を見てとり、それが日常生活を離れた睡眠時に夢として現れることがあるのです。夢見者は、自分はどこかでA子さんをこのような性格に感じているところがあるのではないかと検討する必要があります。その結果、A子さんにそのような面があることがわかったならば、つき合い方を少しだけ変えたほうがいいかもしれません。

逆に、鋭い目で観察しても、A子さんにそのような面がまったく見つからないとしたら、自分の性格にこの夢で現れたA子さんのような嫌な面が隠れていないかを点検する必要があります。なぜなら、夢は夢見者のものだからです。夢が、夢見者に直接「あなたはこのような自己中心的な性格をもっているのですよ」と言うことができ、夢見者がそれを受け入れてくれるなら、夢は小細工なしにストレートにA子さんではなくて夢見者を登場させるでしょう。しかし、これはかなり厳しいメッセージになります。夢見者が忠告を受け付けないことが予測されるときは、夢は賢明ですので、夢見者が受け入れられる形に内容を変えるのです。

このような加工は現実の世界でも行なわれます。私はカウンセラーですので、相談を受けるのが仕事ですが、本当は相談者本人のことなのに、「友人の悩みですが」と言って相談を始められる人がいます。「友人」は、自分をカモフラージュするいちばん便利な人ですから。

この夢見者の場合は、以上で述べたこととは違っていました。A子さんは、友だちのボーイフレンドを横取りする名人だそうです。友だちがつき合っている人にすぐ魅力を感じてしまうのです。このような人は子どもに多いですね。人の持っている玩具や食べ物を欲しがるのですが、いざ自分のものになると関心が薄れるのです。夢見者は、別の友だちがA子さんの被害にあい、警戒していたときにこの夢を見たのです。そのような友だちならつき合わないほうがいい、と言うのは簡単なのですが、A子さんのような人は割り込んでくるのが巧くて、なかなか避けられません。避けるとこちらが悪者になるような感じにさせられるのです。A子さんのような人とのつき合いを避けるためには、夢見者がもっと心理的に強くなる必要があります。心が弱いと、詐欺やだましにもひっかかりやすいですから。

この夢で夢見者が自分の食べ物としていたのは、実は夢見者のボーイフレンドだったようです。そういえば、好意をもつ人を「美味しそうな人」と言うことがありますものね。夢見者はA子さんに「自分のボーイフレンドを取らないでね」と直接言えないところがあるのでしょう。

最後の夢は、小鳥恐怖症に悩んでいた女性の夢です。

◆◆◆◆◆◆◆◆
何人かの女の友だちばかりが集まって、レストランに入る。理由はさまざまだが、みんなどこかで傷ついたもの同士だ。私はどういうわけか少し遅れて席につくともう料理が来ていて、隣の人は豚肉の料理を食べていた。私のはと見ると鴨であった。よく見ると、瑠璃色《るりいろ》のきれいな羽が見えゾッとする。私は鳥が苦手だということを伝えると、隣の人が「それなら取り替えましょうか」と言う。しかし、私はもうまったく食欲がなくなっている。

この夢見者は、同性とのつき合いが苦手な人です。女同士で集まると、何かしら傷つけられることが多かったからです。夢では傷ついた女たちが集まって食事をしています。傷ついた女同士だと、お互いに傷つけ合うことが少ないと普通は思いますね。少なくとも、夢見者は最初そのように感じたのでしょう。しかし、夢見者が遅れて席につくと、みんなの前にはもうすでに料理が来ていました。そして夢見者に来た料理は、彼女がいちばん恐れている鳥の料理だったのです。

鳥（鶏）料理が苦手な人の理由の一つは、皮に羽の跡があることです。あのぶつぶつが気持ち悪いという人が多いのです。夢見者の料理には羽の跡どころか、瑠璃色の羽そのものが付いていたのです。この夢見者の小鳥恐怖の特徴は、鳥のふわふわした羽が怖いところにあったのですから、これでは料理は食べられないですね。

それでは、どうしてこんなに嫌な夢を、わざわざ夢見者は見たのでしょう。せっかく傷ついた女同士で集まっているのですから、楽しく食事をするような夢を見てもいいはずでしょう。自分の夢を作っているのは、夢見者なのですから。

神経症の症状や妄想は、それを夢で見ると軽減することが、夢分析の経験からわかっています。

特に、現実の症状とほとんど同じ症状をそのまま夢に見ますと、症状の軽減は顕著になります。このことは別のところ（147ページ）で詳しく述べていますので、そこを読んでみてください。ですから、この夢でも、夢見者のいちばん嫌なものを夢に見たことによって、症状が軽減する可能性があるのです。ただし、この夢と夢見者の小鳥恐怖の現実とにはまだ相当の差がありますので、それほど症状が軽減するとは思われませんが。

もう一つのこの夢の特徴は、わざわざ、どこかで傷ついた女たちが集まっているということです。夢見者は夢の中でも遅刻をしています。待ち望んだ会なら、遅れることはありません。これは夢ですので、この会に遅れるような現実の原因はありません。遅れる要因がないのに会に遅れるのは、気が進まないことを示しています。夢からのメッセージは、「傷ついた者同士、特に女性同士の会合には注意すること、そうでないと決定的に傷つけられる可能性が大きいですよ」ということになるでしょう。

夢見者は、この時期、傷ついた人に引かれるところがありました。それは自分にとってある種の癒しになると思っていたのです。でも、夢は結果として、それがもっと夢見者を傷つけることになるというメッセージを発しているのです。

どんな嫌な夢でも、あなたの夢はいつもあなたの味方です。夢は、あなたからあなたへのメッセージなのですから。

3 遅れる夢

会議や待ち合せの時間に遅れる、バスに乗り遅れる、着替えに手間取ったり、気に入る服がなくて遅れる、出掛けようとして自分を見ると、下着だけしか着ていなくて遅れる、などの遅れる夢も、トイレの夢と同じように誰でも一度は見た経験があるようです。

不思議なことですが、遅れる夢を見たときは、実際には目が覚めても遅れていないことが多いのです。現実に遅れてしまうときは、当人は熟睡しており、起きたときは大慌てで、夢を思い返している暇がないからです。この点は、トイレに行きたいけれど起きるのが嫌で、トイレの夢を見てそれで済ますのとは違います。トイレの夢は、実際にトイレに行かなければなりませんので。

遅れる夢のメッセージの一つは、現実に遅れないようにするための準備を夢見者にさせることです。まず、その典型的な夢から見ていきましょう。

◆◆◆◆◆◆◆◆

大事な会議があり、自分が司会をしなければならない。集合が七時半なのに、起きたらもう七時半になっている。大遅刻だと顔面蒼白になる。

遅れる夢

夢見者はトップの管理職にある人です。夢を見たのは、二〜三日後に大事な会議をひかえ、絶対に遅刻してはいけないと思っていたときです。絶対に遅刻してはいけないと思うとき、多くの人は目覚まし時計を用意します。二つも三つも目覚まし時計をかけて寝る人がいますし、家族や友人に起こしてくれるように依頼する人もいます。しかし、よく遅刻する人を観察しますと、起こしてもなかなか起きなかったり、目覚ましが鳴っても眠ったままそれを止めていたり、ひどい人になると目覚ましでほかの家族を全員起こしているのに、自分はそれに気づかず寝ていたりします。この点、遅れる夢は自分から自分へのメッセージですので、このような夢を見た夢見者は、絶対といっていいほど遅れずに起き、じゅうぶんな準備をすることができます。

夢の欠点は、実際に遅刻してしまうときは、それを見ないことです。ですから、遅刻常習者はなかなか遅刻の夢を見ないものです。遅刻常習者は、本当はその会合や職場、学校に行きたくない人ではないかと思います。もしあなたが遅刻常習者なら、自分の出席する目的や参加動機を一度点検してみてください。

最後に、夢分析とは直接関係ないのですが、目覚ましをかけてもなかなか起きられない人、人にたよらずに目覚まし時計で起きようと思われる方は、もし目覚ましが鳴ったときに起きなかったら完全に遅刻するというギリギリの時間に時計をセットしてください。目覚まし時計が鳴ってからあと五分間眠れる余裕があるのは、何ともいえない幸せですが、確実に起きるためにはギリギリの時間に目覚ましをセットするほうが、心理学的には理にかなっています。どうしても余裕を楽しみたい人、行きたくない思いを無意識的に満たしたい人、間にあうか遅刻かのぎりぎりの冒険を楽しみたい人は、目覚ましが鳴っても一眠りできる時間に設定するのが、人生の楽しみというものでしょうが。

どこかで行くのを拒否している、行きたくないという思いが強い人の遅れる夢を見てみましょう。

◆◆◆◆◆◆◆◆◆◆◆◆◆

私は郊外の駅のプラットホームに立っている。すると、反対のホームに快速電車が入ってくる。私はその列車に乗らないといけないとわかるが、もう反対側へ行く時間はないので、しまったと思う。

夢見者は、自分が行かなければならない方向とは逆方向の電車を待っています。快速電車が入ってくるまで、そのことに気づいていません。現実には、地理不案内の所でこのようなことが起こることがありますが、これは夢です。夢でまで、行く方向と反対側のホームで電車を待つ必要は夢見者にはありません。しいて考えれば、ウッカリ屋さんで、このようなことをたえず現実でしている人の警告夢として、夢に見ることはあるかもしれません。しかし私の経験からすると、ウッカリ屋さんでもこうした警告夢を見る人は皆無です。このような夢を見たら、少なくとも、その時点でウッカリ屋の性格が改善されているからです。

では、この夢のメッセージはどういうことなのでしょう。夢見者がこの夢を見たのは、日常生活をこなすのが精一杯で、手紙の返事を書くことも、新しい仕事の計画書を作ることもテキパキとできていないときでした。そのために何もかもが期日より遅れていたのです。しかも、どこかでそのようなことは、どうでもいいと思っている自分が夢見者にはあったのです。遅れることによって現実には不利な事態が起こっていたのですが、それでもどこかで「いいや」という思いがあったのです。

夢見者は、最近自分が進むべき方向にむかっていないことを感じていました。本当にやりたい仕事以外は、する気にならないのです。現実社会では、そのようなことが許されないと十分わかっているのですが、心が動かないのです。今の仕事を変わりたいと思うこともしばしばです。でも、変わったところで、同じではないかとの思いも強いのです。この夢の中心的メッセージは、「快速列車に乗らないほうがいい」ということです。鈍行に乗りなさい、と夢は言っているのです。たしかに、快速急行は早く目的地に着きます。しかし、心がついていかないのに、早く目的地に着くのは意味がないばかりか、それが自分の望む方向と異なった場合には、引き返す距離が膨大なものになります。ゆっくりと自分のペースで今の仕事を続けながら、自分の行く方向を見つめなさい、というのがこの夢の夢見者へのメッセージです。夢というのは、なかなか味なものでしょう。

ゆっくりと言われても、現実にはなかなかそうはいかないことがあります。そのようなときでも、目的地が夢見者の心に沿っていないときは、夢が執拗に本心はどこにあるかというメッセージを夢見者に与えつづけます。夢を見てみましょう。

◆◆◆◆◆◆◆◆◆◆◆◆◆◆◆◆◆◆◆
私は地下鉄に乗ろうとしている。目的地に早く行こうとして焦っている。しかし、もう少しのところで乗り遅れてしまう。何とかその次の電車に乗っていく。次の駅で一階下を走っている地下鉄に乗ろうとするが、すでに発車のアナウンスがあって、どう考えても間にあいそうもない。

目的地に早く行こうと夢見者は焦っています。目的地は夢では示されていません。この夢は、ですから、具体的などこかの場所へ行かなければならない夢ではありません。もし、できるだけ早く目的地に着く必要があることを知らせる夢でしたら、目的地や目的、そのための手段を夢は示唆してくれます。そうでないと、夢見者はこのような夢を見る必要がないからです。夢見者は夢で二度も乗り遅れています。どうして、こんなに焦って二度も乗り遅れるような夢を、この夢見者は見なくてはいけないのでしょう。

いちばん単純な夢のメッセージは、前の日に運悪く乗り遅れることが重なって仕事に遅れたが、それは自分の責任なので人には言えず、心の中に溜まっていた、というメッセージです。

不運が重なる夢を見ると余計に苛立つのではと、読者は思われるかもしれません。しかし、不思議なことなのですが、現実に存在する症状を夢に見たり、現実と同じ不運やストレスを夢に見ると、実際の症状が消えたり、薄れたり、ストレスが軽くなるのです。なぜかといいますと、夢でストレスを追体験すると、心の中のモヤモヤやストレスが意識されるからです。自分の姿を鏡で見ると、おかしいところを自分で修正できるように、心がストレスを追体験すると、それを受け入れられるようになるのだと考えられています。

もう一つ考えられるのは、この夢は次からはもっと余裕がある時間に起きて時刻表を確かめて、準備をシッカリしなさいという単純な警告夢だったということです。

遅れる夢

そこでカウンセラーは、夢見者に現実にこのようなことがあったかどうかを尋ねました。この夢見者は、時間にキッチリしたところがあり、遅刻することは稀で、もし遅れると思ってもそんなに焦らないで「次でいいわ。どうせ自分が行かないと始まらない」と考えるような人です。

夢見者は、最近どこかで自分の生き方がこのままでいいのかという焦りを感じていました。漠然とですが、人生の転機を感じていたのです。これまでは目的地に向かって早く到着することを、夢見者は自分に課してきました。「狭い日本そんなに急いでどこへ行く」という交通安全標語がありますが、「短い人生そんなに急いで何をする」という思いが募ってきたのです。自分の人生は自分のためにあるのではないのか、と強く思うようになったのです。それでも、なかなか今までの生き方を変えられなくて、電車が来ると急いで走って飛び乗ることを夢見者は今もしています。でも、うまく電車に乗れたあと、心臓がもはや自分は若くはないと告げているのを感じるようになっていました。この夢を見たのは、夢見者が自分のために時間を使うことを考えはじめていたときです。夢はそれを応援するメッセージになりました。このあと、夢見者は時間があるとそれを自分のために使うようになりました。そして、できるだけそのような時間を増やす工夫をしていったのです。

人は自分の目的にそって、それぞれの人生を歩いています。しかし、しばしばその目的は変わります。それは、年齢とともに人間は生き方を変化させずにはいられないからです。変化の真っ最中には、人生の目的や生きる内容がわからなくなってしまうことがあります。次に、そんな夢を検討しましょう。

私はいつも持っているトランクを持ってバスに乗ろうとするが、乗り遅れる。「待ってくれと言うがバスはドアを閉めて行ってしまう。やっとバスに乗って、ある停留所で降りるが、私だけ降りてトランクをバスに置き忘れる。「待ってくれ」と言うが、ドアは閉まる。次に電車に乗っても同じようにトランクを手から離して忘れる。降りてから、いっしょに持っていけばよかったと後悔する。

◆◆◆◆◆◆◆◆◆◆◆◆◆◆◆◆◆◆◆◆◆◆◆◆◆

二度も忘れられたトランクは、いつも夢見者が持ち歩いているものです。中には大切な書類や貴重品が入っていますので、現実には夢見者がこのトランクを忘れたことはありません。トランクはかなりの大きさと重さがありますので、忘れることがむずかしい品物です。駅などの忘れ物のなかでも、そのようなトランクは、あまりありません。持ち慣れていない品物や、雨が上がったあとの傘のように、必要がなくなったもの、忘れてもそれほど困らないものが忘れ物の上位を占めています。忘れ物届けすら出されない品物が多いので、年に一度忘れ物放出セールがあるくらいです。

しかし、これは夢です。その中で、大事なトランクを夢見者は二度も忘れます。バスに乗り遅れ、電車にも乗り遅れます。バスで一度忘れたトランクを、夢見者がどのようにして取り戻したかは、夢には現れていません。次の電車に乗ったとき、夢見者はバスに置き忘れたはずのトランクを持っています。もし、バスで忘れたトランクを必死で探して取り戻したプロセスが、夢に現れていたとしますと、この夢見者は二度とトランクを忘れることはないでしょう。夢にトランクを取り戻したことが欠けているのは、夢見者の無意識がトランクを二度も夢見者に忘れさせようとしているのです。夢見者は夢の最後で、トランクを手から離していたことを後悔します。ここに夢が伝えたいメッセージがあるのです。

「トランクを手から離したことを後悔する」と書きましたが、この夢をよく読むと夢見者は、「いっしょに持っていけばよかった」と後悔していて、「いっしょに持っていればよかった」ではないのです。「いっしょに持っていく」は、「いっしょに持っていれば」より、気持ちがこもっています。トランクは夢見者の物ですが、夢では物以上の意味を含んでいるのです。

夢見者は、このトランクには思いが詰まっている、とカウンセラーに言っています。思いが詰まっているトランクを、二度も忘れる夢を見ているのです。夢見者はこのごろ、このトランクが重いと感じられるので、買い換えようかと思う、とも言っていました。重いので買い換えようかと思うが、トランクに対する今までの思い入れがあるので、二度も忘れる夢を見ることによって、このトランクが自分にとって不要になったことを知らせているのだ、というメッセージだと取れないこともありません。しかし、それなら「いっしょに持っていけばよかった」というように、夢見者は後悔しないでしょう。

実は夢見者はこの夢を見たころに、不思議な恋をしていました。強くその人に引かれるのに、相手の不思議な魅力に振り回されている感じがありました。大事な思いが詰まったトランクのように、ときにはその人を忘れたいと思っていました。しかしそれができず、相手のペースでずるずると思いを引きずっていました。ですからこの夢のメッセージは、「何度忘れようとしても、まだ忘れられないよ。どこかで手元にまた戻ってくるよ。それでもあえて忘れようとしたら後悔するよ」ということだったのです。夢見者はこの恋に関して、自然な成りゆきに任せることにしました。そして不思議なことですが、相手のことが自然に意識から消えていったとき、夢見者はトランクを替えました。そのときは、後悔や恋人への未練もかなり消えていたのです。

後悔や未練を夢の言葉で表現している夢を、「遅れる夢」の最後にご紹介しましょう。

◆◆◆◆◆◆◆◆港で行なわれる帆船パレードを見たいと思う。しかし、港に着いてみると、人影はなく、一艘の帆を下ろしたヨットが停泊しているだけだった。パレードは昨日だった。

夢見者はパレードやお祭りなどのように大勢の人が集まるところが好きではありません。夢を見た時点でもそれは変わっていません。夢見者の対人恐怖や人ごみ不安が改善されてきた兆候をしめす夢でもありません。それではどうしてパレードを見たいと思うような夢を見たのでしょうか。

夢見者は、「自分は一〇〇年生まれるのが遅かった」と思っている人です。夢見者の行動のペースや時間の流れは、現代のそれにはついていけないようです。夢見者にとっては、まわりが忙しくて早すぎる。夢見者が見たかったのは「帆船パレード」なのです。帆船は一〇〇年前の船ですから、そこでは一〇〇年以上前の世界をかいま見ることができます。夢見者は少しでも、そのような雰囲気を味わいたかったのでしょう。しかし、残念ながらそれはあとの祭りでした。パレードは昨日で終わっていました。

それでは、どうしてわざわざ夢で「あとの祭り」の夢を見る必要があったのでしょうか。人ごみの嫌いな夢見者が、わざわざパレードを見に行ったのです。一〇〇年前の雰囲気（自分にピッタリする時代感覚）を味わうためにです。しかし、それは終わっていました。夢は夢見者に「あなたの望む一〇〇年前は、昨日で（すでに）終わっているのだよ。パレードを見に来た人は誰もいないよ。港はいつもの港なのだよ」と、彼女が見たかった世界はすでに終わってしまったことを告げているのです。

遅れる夢

夢見者の無意識は、一〇〇年前を夢見ることの危うさを知っていたのです。夢見者の時代感覚が、無意識レベルでは変化してきていることをこの夢は伝えています。夢見者はこのあと、少しずつ少しずつ現実的になってきました。

「遅れる夢」といっても、単純な警告夢から深層の中枢に関わるものまで、いろいろあることがおわかりになったと思います。もし、あなたが遅れる夢を見たら、自分の現実を知ったうえで、夢のメッセージを受け取ってください。夢はなかなか味なことをするものです。夢はいつでもあなたの味方ですから。

4 飛ぶ夢

空を飛ぶことは古代から人類の夢でした。「イカルスの飛翔」の神話があるように。イカルスはろうでくっつけた翼で空を飛びました。あまりにも太陽に近づきすぎたため、翼のろうが溶けて、イカルスは落下してしまうのです。飛ぶことは落ちることと、どこかでつながっています。エリカ・ジョングの『飛ぶのが怖い』という小説がベストセラーになりましたが、女性の自立、シンデレラ・コンプレックスの克服がテーマになった小説でした。

飛ぶことへの夢が飛行機を発明させました。飛行機は人的損失や危険度からいうと、実は自動車とは比べものにならないほど低いのですが、それでも人々に与える事故の恐怖は甚大なものがあります。これは、一度事故が起きると死亡率が高いほかに、地面に足がついていないという恐怖があるからです。飛ぶことは地上から離れることです。「地に足をつける」という言葉があります。これは堅実で手堅い生き方を象徴する言葉です。反対に「地に足がついていない」は、浮ついた生活態度の表現です。飛ぶことは、地から足を離す行動です。それは飛躍です。それは危険です。そして、それは冒険です。

人は堅実性を求める一方、飛躍を求めます。飛躍には夢があります。バンジージャンプやスカイダイビングが、怖がられながら好まれるのは、そこには現実を離れた飛躍があるからでしょう。しかし、現実を離れすぎると死が訪れます。バンジージャンプのロープを元の台に引っかけていなかったり、パラシュートなしでスカイダイビングをすれば、確実に死がやってきます。ジャンプには、現実との接点が要るので、現実との接点を失った飛翔は、死へのダイビングです。

女子中学生が友だち数人と手をつないでビルから飛び下りる事件が、よく報道されますが、彼女らの願いは自殺なのでしょうか、飛翔なのでしょうか。飛翔は思春期の夢の一つです。特に、女の子はいまだに社会的制約や親からの制限が男の子より多いため、飛びたくなるようです。しかし、飛ぶのは彼女たちの夢ですが、現実に高所から飛ばずに夢の中で飛んでほしいというのが、カウンセラーの願いです。

それでは思春期の女の子の飛ぶ夢からご紹介しましょう。

◆◆◆◆◆◆◆◆新緑の山から飛ぶ。手足をばたばたしているのに、だんだん地上に近くなっていく。必死になって上へ上へと思って、より手足をバタバタするのに、下へ下へと落ちていく。

夢見者は中学生の女子です。彼女は研究者か、新しいことを探究するような人になりたいといつも考えていました。彼女の理想の女性は、キュリー夫人でした。それをかなえることができる高校へ進みたかったのですが、父親は仕事上三年ごとに転勤しなければなりませんでした。彼女は下宿をしたかったのですが、父親は女の子だからという理由で許してくれませんでした。地元の進学校へ進んだとしても、そのあと父親の転勤のために転校すれば、次の高校は編入試験があるところにしか行けず、かなりの制約をともなうからです。そのようなときに見たのがこの夢です。

新緑の山は、春の山です。それは希望の山です。夢見者はそこからさらなる飛躍を求めて飛ぼうとします。一生懸命手足をばたばたさせるのですが、上へはあがっていきません。自分は上を目指しているのですが、下へ下へと落ちていってしまうのです。

さて、夢見者があなたの娘だとしたら、あなたは娘の夢のメッセージをどう聞きますか。夢を壊された子どもは、たとえ理屈では仕方ないことと思っていても、深く傷つき失望します。勉強がよくできたこの夢見者は、だんだん勉強をしなくなりました。父親の仕事の事情が理解できているだけに、拗《す》ねた気持ちが捌け口を見いださないまま募っていったのです。彼女は陰気になっていき、だんだん友だちも少なくなりました。

カウンセラーには、ご両親を責める気持ちはまったくありません。現実を考えると、夢見者本人も頭では理解できているように、特に無理解なご両親ではないからです。高校生の娘を一人で下宿させるのは、娘を持つ親ならば、多くの人は心配して反対するでしょう。ただ、もし自分の娘がこのような夢を見たときに、それを親に話すことができたらと思います。現実は変わらなくても、親が子どもの気持ち（それも夢レベルの深い気持ち）を理解しているのといないのとでは、娘の気持ちがまったく違ってくるからです。

次はこれとは逆の、親の気持ちを表している夢を見てみましょう。

◆◆◆◆◆◆◆◆◆ 私（女性）は大きな川で空を飛ぶ練習をしている。息子が使っていた小さいタオルケットを背中に付けて、足を漕いで飛んでいる。少しだけ飛ぶのが上手になった。

この夢を一読したとき、きっと読者の誰もが、息子の小さいタオルケットを翼がわりに付けて飛ぶ練習をしている母親の姿を思い浮かべたことでしょう。微笑ましく感じられましたか、たまらないなあと思われましたか、母親らしいなあと思われましたか。

小さいタオルケットを使うのは、おそらく小学校低学年か幼稚園以下の子どもです。その母親なら三〇歳前後のことが多いのではないでしょうか。夢見者は何歳で、そのお子さんは何歳だと思われますか。夢見者の年齢によって、夢のもつメッセージは異なりますから。このような夢では、それがより大きく異なってきます。

この夢見者は五〇歳の女性で、息子さんを一人お持ちです。息子さんは二一歳です。彼はユーモアのある人づき合いのいい好青年です。しかし、夢見者が望んだ方向には向かっていません。母親の言うことを聞いて、その道を進もうとしたのですが、いつも失敗に終わっています。それはその道が当人の本心と異なるからです。彼はとても母親おもいの人ですから、母親の希望に沿いたいのですが、自分の心はそれとは異なるのです。そのため彼は、他人から見るといい加減な生活を三年間も過ごしそのあとで、やっと母親の気持ちに反してでも自分の好きなことをしたいと思うようになりました。夢見者もそのような息子の気持ちを少しずつですが、理解できるようになりました。そのようなときに見たのがこの夢です。

一人息子の母親である夢見者は、夢の中で飛ぶ練習を始めています。場所は川の上です。川の上だと落ちたときに地上より怪我が少ないかもしれませんが、川によってはそのまま流されてしまう危険性もあります。飛ぶときは普通は翼を使うのですが、夢見者は足で空気を漕いでいます。何ともユーモラスな光景ですが、それはこの夢見者の持ち味です。この夢が伝えるメッセージは、息子さんの子ども時代のタオルケットを翼がわりに使っていることから見て、まだまだ親の自立が始まった段階であることを意味しているのでしょう。一人息子を持つ母親ならば、子どもはいつまでたっても幼子なのでしょうが。

現実の生活や人生が飛躍的に変わったときの夢を次に二つ見てみましょう。

◆◆◆◆◆◆◆◆◆◆◆◆◆◆◆◆◆◆

私は、うっすらと雪の積もった道を、数人の人と歩いている。そのうち、スケートボードのようなものに両足をのせ、ふわりと空中に浮く。バランスを取りながら、空を飛んでいく。そんなに高くはなく、屋根ぐらいの高さで、歩くくらいのスピードで、ふわりふわりと飛んでいくのである。ぐらぐら揺れるが、どこかで絶対に落ちることはないと思っていて、下にいる人に

◆◆◆◆手を振っていた。

この夢見者は、長い間神経症に苦しんでいました。自分の感性と現実世界の差が大きかったためです。人間関係のバランスをとるのが下手で、そのために、あるときは過剰適応（自分を殺してみんなに従う）をしてしまい、別のときには些細なことで他人と対立する子どものような行動をとってしまうのです。この人を好きになる人と嫌う人は、極端に分かれます。夢見者はそうした現実がときどき嫌になりました。自分を押し殺したときは、身体に症状が出ました。現実を避けたときは、人や現実を生々しく感じないような、ガラス越しに世界を見ているような感じになりました。これらの症状は実際になった人にしかわかりませんが、とても苦しいものです。長いカウンセリングを受けたあと、少しずつ症状が取れていきました。そして残っていた症状も、気にならないくらい軽くなったときに見たのがこの夢です。

夢見者が歩いているのはうっすらと雪の積もった道です。このような道はいちばん滑りやすく、歩くのにバランスが必要な道です。そのうちに夢見者は、スケートボードに乗って、空中に浮いていきます。夢の感じはスキーのハイジャンプのようですが、スピードもゆっくりで、高さもさほどではありません。夢見者はバランスをとって飛んでいます。あれほどバランス感覚の悪かった夢見者が、ぐらぐら揺れても落ちる心配をしていないのです。

多くの場合、心を悩ませすぎる人は、現実に必要な程度を越えた心配をする人が多いものです。

これまでは、夢見者も例外ではありませんでしたが、この夢では絶対に落ちる心配がないと確信しており、下の人に手を振る余裕すら感じられます。

カウンセラーは、この夢を語る夢見者が少し調子のよすぎるきらいがあることを感じましたが、それよりもこの方が苦しみを乗り越えてここまで立ち直ったことに感激しました。夢見者は夢でバランスよく飛べているだけではありません。職場や家庭の人間関係でとるバランスが格段によくなり、症状の大半は消えていました。

夢はそうした症状を確認させてくれるメッセージを、夢見者とカウンセラーの両方にくれたのです。それからしばらくして、カウンセリングは終わりました。夢見者は元気に社会生活を送っています。

◆◆◆◆◆◆◆◆空を飛んでいる。両手を広げ、鳥か飛行機のように。左手は誰かにつないでもらっている。柔らかな風が頬と髪を撫で、とても気持ちがよい。心も解放感でいっぱいである。

夢見者は四〇歳の女性です。数年前に夫を亡くし、子どもはありません。夢見者は芯のしっかりした女性ですので、自らの境遇を受け入れて、ここ数年過ごしてきました。四〇歳というのは、女性にとって節目の歳です。子どもを持てる最後のチャンスの時期でもあります。中年の入口を少し入ったときでもあり、老眼になったり、子宮筋腫ができたりするのもこの歳のことが多いようです。

これからの人生を考えると、いくら気丈な人でも心の底に寂しさの影を感じる年齢です。そのようなときに、彼女の前に魅力的な男性が現れました。彼女より数歳年上ですが、気持ちの素直な、裏表のない、ハッキリものを言う男性です。男性のほうも奥さんと死に別れて数年がたっていました。不思議なことに二人とも、再婚しようなど考えていないときに、再婚を決意させるような人に出会ったのです。二人は急速に親しくなりました。そして結婚が具体的になったときに見たのがこの夢です。

夢には夢見者の幸福感と解放感があふれています。「左手を誰かにつないでもらっている」というところがいいでしょう。夢は、相手の男性を具体的に示すのではなく、感じを伝え余韻を与えているのです。にくいほどですね。『長恨歌《ちょうごんか》』に理想の夫婦を形容する言葉として、「空にあっては比翼《ひよく》の鳥《とり》に（翼を並べて飛ぶ鳥に）」という一節がありますが、夢見者の感じはまさにそれでしょう。この本を書いている今は、この夢から一〇年たっていますが、お二人の夫婦仲のよさは、この夢のときと変わっていません。

楽しい夢を二つ見てきましたので、次に少し考えさせられる夢をご紹介しましょう。

◆◆◆◆◆◆◆◆◆◆◆◆◆

昼間で、晴れのはずなのに、あたりは妙に暗い。日蝕のときのよう。私はどこか高い所の部屋にいる。空がすぐそこ。黒いレースのような雲が流れていく。シュールな空。いつか私たちは飛行船かヘリコプターのようなものに乗って空を飛んでいる。それはグラスボートのように足元が透明で下がよく見える。足元に夜空が見える。空中に浮かんで飛んでいるようだ。乗り物は女性が操縦している。

◆◆◆◆◆◆◆◆

夢見者は五二歳の女性です。

身体的には老年期に入っていく気配を感じる年ごろです。夢の時刻はお昼で、しかも晴れています。それなのにあたりは暗いのです。五二歳はまだまだ人生の昼間ですが、女性の場合は、閉経期や更年期にあたり、変化は身体から起こります。日蝕のように、身体のどこかが蝕まれてくるのです。

夢見者は、高い部屋にいます。空が近いのです。天が近くなってきている、つまり死を意識する、死が近づいてくる実感が少しだけしてくる年ごろです。黒いレースのような雲はその予兆です。お葬式に女性の黒いベールは付き物です。しかし、それはまだ現実ではありません。空はシュールな空なのです。

ここで夢が変わります。夢見者はいつのまにか飛行船かヘリコプターに乗っています。グラスボートのように下が見えます。ここで読者はこの夢の変なところに気づかれましたか。グラスボートから見えているのは、夜空なのです。夢見者は空を飛んでいるのですが、夢見者たちは夜景や地上を見ていません。まるで窓か地上から空を見上げているように、夜空を見ているのです。空中から夜景を見るのは、天上へ飛んで行くときです。今はまだ空中に浮いたままで、遠くの夜空を夢見者は見ているのです。それはやがてわれわれみんなが行く世界でしょう。

飛行船の操縦者は女性です。それは夢見者の分身でもあります。夢見者は自分自身の力でこれからの人生を操縦していくのです。夢はそれを夢見者に伝えたいのです。

あなたも飛ぶ夢を見られたら、現実とのつながりを確かめたうえで、大いに冒険してください。あなたの人生を飛躍させてくれるでしょう。

5 ヘビの夢

ヘビほど古代から人間の心に影響を与えた動物は少ないと思います。ヘビと聞いただけで身震いし、嫌悪する人から、ヘビをペットとして飼っている人までいます。ヘビは不思議な動物です。くねくねしていたかと思うと、とぐろを巻いて威嚇します。毒がある種類が多く、ヘビの毒は「ハブ酒」「マムシ酒」など、薬として用いられています。本体は中国や東南アジアでは、食用にされています。

ヘビは呑み込みます。ヘビは脱皮します。ヘビは悪魔の使いとして毛嫌いされたり、御神体として崇められています。これらの性質から、ヘビは、「エネルギーに満ちているもの、知恵、破壊、再生、呑み尽くす」など、多くの象徴性をもっています。それで、ヘビは古代の神話やお話によく登場してきます。

誰でも知っているのが、聖書に出てくるヘビです。イブがヘビの誘惑にのって禁断の木の実を食べたために、人間はエデンの園を追われました。このとき女には出産の苦しみが、男には一生の労働が与えられたのです。この物語におけるヘビの象徴性は「知恵」です。人間は知恵をもったために悩みももつようになったのです。

ギリシア神話に登場する、癒しの神はアスクレーピオスです。アスクレーピオスは死者を蘇らせた罪でゼウスの怒りをかいました。この神は、いつもヘビが巻きついた杖を持っています。治療者と蛇杖《じゃじょう》とは関係が深いのです。ヘビに巻きつかれることは死を意味します。治療とはどこかで死と再生を意味しているのです。

ヘビは周期的に脱皮します。古代人はこれを生命更新の象徴と見たのです。現代の日本でも、ヘビが脱皮した皮をお財布に入れておくとお金がたまると思われています。この縁起かつぎは、財布に蛙をお守りとして入れておくと「お金がカエル」というのと同じような、お金が再生する、お金が（帰ってくる）ことへの人間の願いから出たものです。

また古代人は、ヘビがその形から人間の背骨の髄から生まれたと考え、人間の霊が姿を変えたものと見なしたことから、一般的に英雄を表す生きものと考えていました。また墓の守護者として死者の眠りを守るばかりでなく、生者の眠りも守る霊的な動物とされていました。

ヘビは日本の神話でも重要な役割をもっています。三種の神器の一つである天叢雲剣《あめのむらくものつるぎ》は、八岐《やまたの》大蛇《おろち》をやっつけた素戔嗚命《すさのおのみこと》がその尾から取り出したものです。中国の創世神は人面蛇身の兄妹神で夫婦でした。日本の原始の祭りは、蛇神とこれを斎《いっ》き祀《まつ》る蛇巫女《へびみこ》を中心にして展開しています。縄文土器にも、縄文人のヘビに対する思いが込められているといわれています。お正月に飾るしめ縄が、交合するヘビを表していることからもわかるように、ヘビは豊穣と再生と新生の象徴として用いられてきたのです。

ヘビの髪をもったメドゥーサは、自分の姿を見たものを石にしてしまいました。メドゥーサはもともとは美しい少女で、女神アテーナと美を競い、特に美しい髪をもっていたために、髪をヘビに変えられてしまいました。ここには女性の嫉妬と羨望が現れています。美しい髪が同性の嫉妬を呼び起こし、その情念がヘビに変わるのです。

清姫は自分を裏切ったと思った安珍を、ヘビに化身して、女の情念で蒸し殺しにしました。また、小説『白蛇抄』にも見られるように、ヘビは女性の情念の象徴として用いられています。これらの象徴は具体的な夢のところで詳しく述べたいと思います。

まず、はじめにヘビが神様の象徴として現れる夢をご紹介しましょう。

◆◆◆◆◆◆◆◆

私は祠《ほこら》か箱を覗いている。その中でとぐろを巻いていた白いヘビが動きだしたり、白いキツネの像が見えている。私はこれは神様のものだと思っている。

ヘビが蛇神や守神として崇められていることは、世界中に見られます。日本もその例外ではありません。

この夢では白蛇《はくじゃ》が神様のものとして出てきています。キツネも「神様のもの」として出てきます。全国に稲荷神社がありキツネが祭られていますが、興味深いことにキツネは人をだます性質をもった化け物として出てくることがあります。ヘビも悪魔の使いとして出てくることがあり、悪が善に変わり善が悪に変わるというのは、この世の真実なのでしょうね。西洋の悪魔はもとは天使です。堕天使が悪魔なのです。善悪や禍福は、たがいに縄のようにからみ合っている概念なのです。

ヘビが神様のときは、白蛇の姿をとることが多いようです。白は無垢、無罪、潔癖を示し、黒は穢れ、有罪、汚れを示すことが多いのと同じ心理がはたらいているのでしょう。

この夢見者は中年の男性です。現実的な人でしたが、年とともに偉大なるものや自分の運命に対して興味が深まり、人知を超えたものに目覚めてきたときに見た夢がこの夢です。もっともまだ彼は、祠を覗く気になったばかりの段階のようですが。

人間は若いころは自分を頼みにして、努力と根性と才能で自分の運命を動かせると考えていますが、中年になり自分の限界が見えてくると、世の中が自分中心で回っているのではないことに徐々に気づかされるのです。

自然の偉大な力を感じさせられた夢を次に見てみましょう。

◆◆◆◆◆◆◆◆◆◆◆◆◆◆◆◆◆◆

山の中のグラウンドで運動会のようなものが行なわれていた。ふと気づくと、まわりに迫った山の中から大きなヘビの頭が見えている。よく見ると、山のあちこちからヘビの頭が出ていた。この山に八岐大蛇が住んでいるか、あるいは、この山そのものが八岐大蛇なのだった。しかし、誰もこのことに気づいていないで、運動会を楽しんでいる。

夢見者は中年の女性で、この夢は阪神・淡路大震災の数カ月後に見たものです。夢見者自身もそんなにひどくはなかったのですが、震災の被害を受けました。地震は地震の夢のところ（233ページ）で述べますが、大自然の脅威の一つです。われわれはなにごともなく日常生活を送っていますが、その間にも、われわれのまわりには八岐大蛇があちこちから首を出しているのです。ひょっとしたらわれわれの生活基盤そのものが八岐大蛇の上に乗っているのかもしれません。人間が自然に対する畏敬の念を忘れたときに、自然の驚異が鎌首をもたげるのでしょう。

このようなことに気づくのが、白蛇の夢でも述べましたように中年期なのです。世の無常や大いなるものの力を感じ、神仏への帰依の心が生まれてくるのです。

人生は中年のはじまりを境として、午前から午後に変わります。上りの人生から下りの人生に入っていきます。死に向かっていくのです。この変化を感じて、人生に対する心構えや人との関係を修正していかないと、ある日突然、八岐大蛇が暴れまくり、それに呑み込まれてしまうようなことが起こります。その頻度が高い年が厄年なのです。

この夢の夢見者は人生の無常を感じはじめています。無常を感じることは、今を生きるエネルギーを増すことにもつながります。「無常を感じると今を生きるエネルギーが増す」というのは矛盾するように思われるかもしれません。しかし、無常を感じることは、己の力を頼まなくなることにつながります。ほかの人やほかの世界が見えてくるからです。世界が広がります。他力を信じ、偉大なものを信じることが、現実に生きる力を増大させることにつながるのです。

夢見者は、この夢を見たころから小さなことに対するこだわりが減ってきました。そして、より自分らしくふるまえるようになってきました。自分を大切にすることができるようになりました。外から見ても、他人を大切にすることもできるようになったように見えました。

少し観点を変えてヘビの夢を見てみましょう。少し前に、ヘビが女性の情念として現れることを述べましたが、少女から成人女性へと進む女性性の発達とともに、そうした情念が変化していく様相を夢によって見てみましょう。

教室に木の根っこが一本置かれている。どうしてこんな所に根っこがあるのかと思っていると、それがヘビに見えてくる。すると、それはヘビになって追いかけてくる。教室にいた友だちも大騒ぎで逃げまどう。しかし、あれは確か木の根っこだったのではないかと思った途端に、ヘビは木の根っこになっていた。

◆◆◆◆◆◆◆◆◆◆◆◆◆◆◆◆◆◆

夢見者は小学校四年生の女の子です。小学校の三〜四年生は前思春期といわれる時代で、思春期の準備期間です。身体の変化が、表面にはあまり出ないところで静かに進んでいる時代です。それはまた、心理学的には不思議な年代です。心理テストをしますと、かなりの子どもたちに、精神的に不健康な指標が現れるのです。しかし、それが表面に出ることは稀で、ほとんどの子どもは健康な心理状態を保ち、特異な行動をするわけではありません。それでもときには、この時代に妄想が出たり、「自分の身体から紐が出ていて、それをもつれさせないように歩かなければならない」というような強迫症状が現れたりすることもあります。

表面的に見える身体の変化は、ごくわずかの変化なのでしょうが、内側では猛烈な変化が起こっているのでしょう。それにともない心のほうも、無意識世界では目まぐるしい変化をしているようです。子ども的なものごとの把握から、大人的な見方、把握の仕方に変わっていっているのです。そのバランスの崩れが、心理的な病的指標になって現れているのだと考えられています。

この夢は物の見え方の変化を見事に伝えています。木の根っこは、木の根っこだと見れば木の根っこですが、ヘビだと見ればヘビに見えるのです。無意識の中で物の見え方が変化していることを、夢が示してくれているのです。この夢見者は、知的に優れている少女です。ヘビに追いかけられながらも、どこか冷静にヘビの出所を考えています。すると、それが木の根っこだとわかりました。夢見者は冷静にものごとを見るという知的な操作をして、追いかけてくる怖いヘビの本体を知ることができました。同時にヘビの存在を消してしまいました。

それでは、この少女の無意識（夢）はどうして夢に木の根っこを登場させて、それをヘビに変化させるようなことをしたのでしょう。夢見者はすぐ上の姉とも年が八歳離れていて、いちばん上の兄とは一六歳もの年齢差があります。夢見者のまわりは彼女からするとみんな大人です。すぐ上の姉は、このとき一八歳で青春期真っ只中の女性です。夢見者の中に、無意識の内に性的な刺激や大人の女性の考え方が進入してきても不思議ではありません。ヘビの夢の冒頭で述べましたように、ヘビは、夢では男性の性的なシンボルやまた、女性の情念のシンボルとして現れることがあります。思春期の男性は、木の股を見ても性的な刺激を受けるといわれるぐらい、思春期は性が進入してくる時代です。前思春期は、そこまで性的なものが意識に現れることは少ないのですが、無意識の中にはそのようなものの現れがやはり出てきています。子ども時代には木の根っこだったものが、ヘビとして自分たちを追いかけてくるのです。どこかで男性の影が迫ってくるのです。しかし、それはまたすぐにもとの根っことして納まります。

もう少し年上の女性の同じようなテーマの夢を紹介しましょう。

◆◆◆◆◆◆◆◆◆◆◆◆◆

壺から大きなヘビが頭を出している。いっしょに歩いていた母はわりと平静そうに覗き込むが、私は二度も悲鳴を上げてしまう。ヘビは全身を出す。母やほかの人がそのヘビを何とかしようと騒ぎはじめるが、私はそっとその場を逃れる。

夢見者は二〇歳代の若い女性です。彼女は自分では女性性よりも男性性が勝っていると思っています。彼女は、女っぽい女性とのつき合いが苦手です。

カウンセラーは、まず「ほかの人」の性別を聞きました。「ほかの人」が誰かはハッキリしませんでしたが、女性であることはわかりました。夢分析に慣れてこられた読者には、この夢のメッセージがおわかりになったと思います。ヘビは壺に入れられています。壺に入れられているヘビは、現実でもそれほど危険ではありません。壺に入っているヘビというのは、夢では女性の内にある情念を示していることがあります。壺の中のヘビですので、そうとう性的な色合いが強い夢です。ここでまたくり返しますが、夢分析では夢に現れるものを一般的なシンボルで単純に解釈するのは、危険で意味がないことが多いのです。ただしこのように、一般的なシンボルが典型的に現れてくる夢もあります。だからこそ一般的シンボル解釈が生まれてきたともいえるのです。一般的象徴解釈を何でも当てはめる態度や方法は危険ですが、一般的象徴を知っていることはプロのカウンセラーには大切なことです。

本題に戻りましょう。この夢に登場する母親や「ほかの人（女性）」は女性の情念を扱うのに慣れていて、壺を覗いたりしています。女性のもつ女性らしさ（情念・感情）に慣れていないし、好きではなく避けている、男性的な夢見者は、それを見ただけで二度も悲鳴をあげています。その悲鳴に逆に引かれたのか、ヘビは全身を出してきました。これは、どのような女性にとっても危険です。母親と「ほかの人」もどうしようかとあわてはじめ、夢見者はそっとその場を逃れます。

何度もいいますが、夢は夢見者へのメッセージです。彼女は、まだ全身を現したヘビをどうするかの相談には参加しないほうがよさそうです。でも、夢見者の中にもヘビは存在するし、やがてそれを見たりコントロールしたりする必要性を、夢は伝えています。彼女はこの夢をカウンセラーに語ったあと、「自分はいつも嫌なことを避けているし、それではダメだと思っている」と、語ってくれました。

さらに、女性の情念のすごさを示す夢を検討しましょう。

人影がない部屋。誰かわからない相手から、杖の飾りを見せられ「これは何であるか」と問われる。「真鍮でできている」と思う。何かがからみ合っている。私は手を触れずに、目を凝らす。二人の男性が上体を反らせて向かい合い、下半身はヘビに締めつけられている。男性の一人は力なく剣をぶら下げている。ヘビに向き合って髪の長い女性がいる。下半身は人魚のようにも、ヘビの尾と溶け合っているようにも見える。

ギリシア神話では、蛇杖は前述しましたように、医神アスクレーピオスの持ち物で、癒しの杖とされていますが、この夢では癒しというより、そのすごさに圧倒されると思います。また、杖の飾りのヘビに絞められている男の様子は、これもまた、ギリシア神話のラオコーンをイメージさせます。ラオコーンの場合は、ヘビに絞め殺されるのは、彼自身と二人の息子なのですが。

ラオコーンがなぜヘビに絞め殺されたかといいますと、アポロンの神像の前で妻と交わったために、神がお怒りになってヘビを遣わしたのです。神様の前でセックスをするという、神を冒涜した行為を行なった罰だったのです。カウンセラーは、夢見者の無意識には、神に叱られるような性的な思いがあったのでないかと思いました。カウンセラーがそのことを聞きますと、夢見者は「思春期のころ、自分の無意識には、兄を誘惑したいという思いがあったことを否定できません。実際は何もありませんでしたが」と、話されました。ラオコーンの場合は神がヘビを遣わしたのですが、この夢では、ヘビは髪の長い女性の下半身とつながっています。そのうえ、この女性は人魚（妖精）です。つまり、このヘビは髪の長い女性であり、人魚姫であり、ヘビなのです。髪の長い女性は、女性性を強調した女性像です。

夢見者は、長い間、性的なものを拒否してきました。性的なものを拒否するトラウマ（心的外傷）は思春期の思い出です。しかしその拒否の下にはすさまじい女性の情念が渦巻いていました。夢見者はいま中年にさしかかっています。中年期は、思春期と同じかそれ以上に女性の情念が高ぶる季節です。「思秋期」といわれるくらいなのです。この時期はまた、子どもが思春期を迎える時期でもあります。自分の思春期のときに無意識に押さえ込んだ情念が、夢に噴出してきたというわけです。

この夢でヘビは、杖の飾りとして現れています。蛇杖は癒しの象徴と述べました。思春期のトラウマが長いカウンセリングのあとに、夢見者にこの夢を見させたのです。カウンセリングという癒しの一環のなかでしか、この夢は出現できなかったでしょう。夢が夢見者にメッセージを与えるタイミングと場所は、いつも実に見事だといえるでしょう。この情念が夢でなく現実に現れ、しかも場所とタイミングをわきまえなかったら、夢見者の人生は破滅したかもしれません。安珍を殺した清姫のように。

ヘビの意味は多様ですので、まだまだ、いろいろなヘビの夢があります。あなたの夢はあなたのものですので、そのときのあなたの状況を見据えて、夢のメッセージを受け取ってください。

6 靴の夢

「靴の夢」というテーマについては、どうしてこれが取り上げられるのか疑問に思われた読者もおられると思います。「靴の夢など見るのかなあ」と思われる人もいるでしょう。ところが靴の夢を見る人がけっこういるのです。身近なものであるだけに、夢にまで見る場合は不思議な意味をもっています。

私が『シンデレラ』のお話を聞いたのは幼稚園くらいのときだったと思いますが、クラスの女の子たちが感心して聞いていたのに反して、私は一つの疑問にとらわれていました。それは、一二時になったときに、カボチャの馬車もきれいな夜会服もシンデレラ自身も、見すぼらしいもとの姿になったのに、どうして片方のガラスの靴だけが、もとのドタ靴に戻らなかったのか、という疑問でした。先生にこのことを質問しましたが、「それはお話だから」とのひと言で片づけられました。そのうえ、みんながシンデレラのお話に感激しているのに、その雰囲気を白けさせた責任を追求されるような視線に出会いました。家に帰って母に同じ質問をしました。母は「どうしてでしょうね。私にもわからない」と、また、例の癖が始まった、というような感じで笑っていました。子ども時代には、私はこれと同種の疑問をたえずもっていて、両親によく質問していたからです。みなさんはどうしてだと思います。これを考えることは、夢分析のトレーニングになりますよ。

シンデレラの靴に対する疑問は、のちに臨床心理学を専攻するまでもっていました。靴はそのあとも注意を引かれる対象でした。小さい子どもが、お父さんの大きな靴を履いて遊んでいる光景にも興味を引かれました。どうしてあんなに歩きにくい大きな靴を履くのだろうかと。

「赤い靴はいてた女の子、異人さんに連れられて行っちゃった」という童謡が流行《はや》っていました。メロディは悲しいものでした。当時は戦争直後でしたので、まわりには焼け跡がいっぱいあり、アメリカの兵隊さんがたくさんいました。どうして赤い靴を履いていると異人さんに連れていかれるのだろうか、黒い靴を履いていると連れていかれないのだろうかなど、これにも思いを巡らせていました。

カウンセラーになってからも、靴に関して興味深い話を聞きました。ある二人姉妹の姉が結婚して実家に帰ったとき、母親が靴を二足買ってきたそうです。いつものように彼女は、一足は自分用でもう一足は妹のだと思って母親に礼を言うと、母親が怪訝《けげん》な顔をして、二足とも妹のものだと言ったそうです。彼女は少し不満だったので、そのことをカウンセラーに話したのです。それを聞いた私は、妹さんがこれからは大変だと思いました。「二足の草鞋《わらじ》を履く」という言葉がありますが、妹さんが「二足の靴を履かされる」ことになるからです。これからは、娘二人に対するお母さんの思いが、姉の分まで妹に向かうことを直観したからです。それを彼女に伝えますと、母親へのちょっとした不満は、妹への同情に変わりました。

靴はメガネほどではありませんが、自分にぴったり合ったものでないと歩けないか歩きにくいものです。「足元を見る」という言葉がありますが、足元を見ると、その人の現在の様子（経済状態や心理状態）がわかります。足元（靴）はその人自身を表しているのです。父親の靴を履く子どもは、父親のようになりたいと思っているか、あるいは、そのときは父親自身になりきっているのです。どのような靴を履くか、どのような靴が気に入るかは、その人の性格や気持ちや思いを表しています。夢を一つ見てみましょう。

◆◆◆◆◆◆◆◆◆◆◆◆

どこかの長い廊下のはずれに、赤い靴が置いてある。私はそれを履いてみる。すると義妹（弟の妻）がやって来て、それは私が買ったのだが、気に入らないので返そうと思う。よかったらお姉さん履いてくださいと言う。私は、どうしようかと思うが、結局やめたようだ。

さっそく赤い靴が登場してきましたね。すぐに一般的象徴解釈をせずに、夢見者に個人的情報や夢の感想、連想を聞いてみましょう。

夢見者は、弟を大変可愛がっていたお姉さんです。自分は結婚していましたが、弟が結婚したときは、義妹に弟を取られた感じがしたそうです。義妹はいい人で、弟とは似合いだと頭では思っていますが、なかなか夢見者の心はそれを認めたくないようです。夢見者は、服装や化粧にあまり頓着しないほうですが、義妹は女の人らしく着飾るのが好きです。

夢の背景は長い廊下のはずれです。これは、夢の状況と夢見者の間に距離を置きたい気持ちの現れです。そこには赤い靴が置いてありました。現実では、夢見者は赤い靴を履きませんし、あまり似合うとも思っていません。しかし、夢の赤い靴は夢見者をどこか引きつけているようです。彼女は試しに履いてみます。そこへ義妹が登場し、その靴は自分のもので、気に入らないので返品しようと思っているが、よかったら履いてください、と言います。これは、ある種の夢見者に対する侮辱です。人に物をあげるときは、自分の気に入ったものを贈るのが常識です。自分が気に入らないものを姉にすすめるというのは、夢見者からしたら侮辱以外の何ものでもないでしょう。このように言われれば、この靴がいくら気に入っていたとしても、「そうします」とはなかなか言えないものです。夢見者もやめてしまいます。ただ「やめたようだ」という含みが残っていますが。

夢は夢見者のものです。では、どうして夢見者は義妹に侮辱されるような夢を見たのでしょうか。それは、意識では拒否している赤い靴に引かれる心があるからです。赤い靴を履くと目立ちます。異人さんに連れていかれる危険性があります。彼女の中に何らかの女の情念がかき立てられます。それは、彼女にとって変化を意味しますが、危険もともないます。そうした危険な心の衝動を抑制するのに、この夢はぴったりだと思いませんか。彼女は夢に義妹を登場させることで、赤い靴に引かれていく自分の気持ちをどうにか止めることができたようです。「ようです」というのは、「結局やめたようだ」との含みが夢にありますから。

夢は見事だと思いませんか。

次に家族間の調整や葛藤が、出ている例を見てみましょう。

◆◆◆◆◆◆◆◆◆◆◆◆◆◆◆◆◆◆◆◆◆◆◆◆◆

私は、両親や主人や弟夫婦とともにデパートへ来ている。主人は新しく買ったブーツを履いているが、両親たちはそれが似合わなくて可笑しいと言う。それなら違う靴を買おうかと、靴売場に来る。私は豚革の靴を指して、「こんなのどう」と聞くと、主人は「その手のものは嫌いだ」と言うので、「あらそう。嫌いなら仕方ないわね」と言っている。その日は台風が来るので、みんな勤めが休みだった。

読者のみなさんは、この夢の興味深いところに気づかれましたか。そうですね。台風が来るというので、みんなの勤めが休みの日に、両親、夢見者夫婦、弟夫婦まで揃って、靴を買いにわざわざデパートまで出かけていっているところです。夢では明確ではありませんので、夢見者に聞きましたところ、この両親と弟夫婦は夢見者側の親族です。

夢見者のご主人は新しいブーツを履いています。夢からはハッキリしませんが、おそらく自分で見立てたのでしょう。しかし、夢見者の両親に笑われてしまいます。それに影響されてか、新しく靴を買おうとしています。ご主人は、夢見者のご両親の好みに影響されているようです。

今度は、夢見者が豚革の靴をすすめます。豚革の靴はあることはありますが、牛革のものにくらべると、少し変わっているといえるかもしれません。夢見者が普通の靴より豚革の靴をすすめたのはどうしてでしょうね。ご主人は、夢見者に対しては、自分の好みをハッキリ言えるようです。夢見者も「あらそう。嫌いなら仕方ないわね」とあっさり自分の意見を取り消しています。こうした一連のいきさつのなかで、弟夫婦は何ら役割を果たしていません。それでも、台風の日をおしてまで、親や姉の家族に夫婦でつき合っているのです。

現実の世界で、本当に台風が来るような日は、いくらなんでもいっしょに出かけたりはしないでしょう。それでは台風はどこに来るのでしょうか。台風は、親夫婦、夢見者夫婦、弟夫婦の間に来ると考えるのが、夢分析の常道です。現実において、夢見者の夫（娘婿）の靴のことにこれほど家族中が巻き込まれることはありません。「靴」は、その人自身、その人のアイデンティティを表していることが多いのです。夢見者の夫は、自分のアイデンティティが明確でないように、夢見者の家族から思われているのです。唯一自己主張できる相手が、配偶者である夢見者なのですが、夢見者からもあっさりと関心があまりないような扱いを受けています。

夢は夢見者のものです。夢見者はどうしてこのとき、自分の家族の中の夫の地位（アイデンティティ）を問題にするような夢を見たのでしょうか。夢見者のほうが、実は母親の支配を強く受けているのです。そこから自立したい。夫に助けてほしいと思っているのですが、もう一つ夫が頼りない。そのような思いが募ってきたときに見たのがこの夢です。夫を頼りにしたいのにどこか頼りきれない夢見者の心が反映されている夢です。

夢見者の夫婦関係が相互に独立的で、しかも信頼感が深まるにはまだまだ時間がかかりそうです。カウンセラーは、どうして台風が来るかもしれないときにみんなで靴を買いにデパートへ出かけなければならなかったかを、ずっと考えてもらうことにしました。

なぜ、考えてもらうだけで、カウンセラーの意見を言わないかといいますと、実際の夢分析では、夢見者が受け入れることができたり、夢見者の人生に役に立つこと以外を、カウンセラーは言わないのが原則だからです。本書『プロカウンセラーの夢分析』では、カウンセラーは自分の考えを明確に述べていますが、それはあくまで読者のみなさん向けなのです。

靴の夢は靴を履いているのが普通ですが、なかには靴を履くべき場面で履いていない、という夢があります。そのような夢を検討してみましょう。

外回りから帰ってみると、会社の前庭には茶色い砂が山のように積まれていた。歩くと足がブスブスと入る。私は会社のどこかを直すのだと思っている。建物の中に入ると、壁や階段の板は取り払われ、コンクリートがむき出しである。四階まで上がらないといけないが、階段にはごつごつした岩石やボロボロ崩れそうな石や木があり、足場が悪くグラグラしている。それでも登ろうとするが、靴を履いていないのに気づく。足の裏は岩が当たり、痛くて辛いが、頑張って登った。

◆◆◆◆◆◆◆◆◆◆◆◆◆◆◆◆◆◆◆◆◆◆◆◆◆◆◆◆

靴の夢

営業から帰ってみると急に会社がこのような状態に変化していたら、びっくりしてどうしていいかわからなくなるのではないでしょうか。実際の会社でこのようなことが起こることはありません。小さな会社で、社長一家が夜逃げするようなことでもないかぎり。

これは、夢の出来事です。夢見者の会社に対するイメージが夢になっているのです。夢見者は働き盛りの女性です。専門職ですが、直接会社の利益を生み出す仕事ではありません。会社のイメージの好感度を促進し、顧客に対する個別のサービスを行なう部署で働いています。現在は底無しの不況で、この会社も例外ではありません。このようなときにいちばん先に縮小されるのが、夢見者のような分野の仕事です。夢見者はやり手なだけに敵も多いようです。

夢見者が会社へ帰ったところ、会社はボロボロになっています。現実なら、このビル（会社）は倒壊寸前です。夢見者はどこかを直しているのだと思っていますが、もしこれが大改築の真っ最中だったら、階段にごつごつした岩石や崩れそうな石や木があるはずはありません。夢は夢見者に、会社が倒壊していることを示しているのです。もし、会社の業績がそんなに悪化していないのなら、社内での夢見者の立場や仕事が倒壊寸前なのです。しかし、夢見者の意識はまだそこまで気づいてはいません。だから、必死で四階まで上がろうとしているのです。四階は夢見者の課があるところです。どうしてもそこまで登っていかねばならないのです。

夢見者は靴を履いていません。足がブスブス入る砂山で脱げたのかもしれません。靴も履かずに、ごつごつした岩石だらけの階段を登ることは大変です。痛くて辛いことです。それでも夢見者は必死なのです。彼女はいつも必死の人です。これがいい意味でも悪い意味でも、会社や世間で摩擦を起こしています。

キャンプソングに『山の大尉』という歌があります。「山の大尉は傷ついた。部下の山岳兵たちに、靴を履いても履かんでも、山岳兵に会いたいと」という歌詞のとおり、重症を負った大尉がどうしても部下に会いたいと思う歌です。このように、靴も履かずに大変な道を行くというのは、必死の思いがあるのです。

夢見者は今会社で危うい位置にいます。しかし、夢見者自身はそれを明確に意識していません。そして、必死になって頑張ろうとしています。夢はそのような現状をメッセージとして伝えているのです。「どうしたらよいか」という方法は、夢には出てきません。まだ、無意識の中でもよい方策が見つかっていないのでしょう。ただ、そうした現状を夢見者が把握しておくことは最低限必要だと、夢のメッセージは伝えようとしているのです。

次に、夫婦の関係の象徴的な夢を見てみましょう。

◆◆◆◆◆◆◆◆◆◆◆◆◆◆◆◆◆◆◆

テントを張ってキャンプ生活をしている。テントの中で、主人が私にサングラスの付いた帽子を作ってくれる。いつの間にか、主人の作っていたのは長靴になっていて、私は完成した長靴を履いて、主人といっしょに歩いている。長靴の中にナスが入っていて、その上から私は足を入れているので、ゴロゴロしてちょっと歩きにくい。それがなかったら、きっとすごく履きやすい長靴だろうと思われる。私はその長靴がとても気に入った。足にピッタリで、しかも少しも窮屈な所がない。外から見た形もよい。私たちは知らない町を歩いていくつもりだ。

◆◆◆◆◆◆◆◆

夢見者は結婚六年目の女性です。夫婦仲もよく、共通の趣味もあります。恋人時代を楽しんでいるようなところがある二人です。

この夢の特徴は二つあります。一つは、サングラス付きの帽子を作っていたはずのご主人が、長靴を作っているというふうに、変化するところです。もう一つは、長靴の中にナスビが入っているところです。私は、一般的な夢象徴で夢分析を行なうことはあまり好きではありません。個人の情報を整理したうえで、どうしてそのようなことを夢に見たかを分析するやり方をとっています。そのような理論と原理に立つ私にとっても、この夢は一般的象徴が意味をもっている夢です。夢の中には実際に一般的象徴に満ちた夢があるからこそ、「○○の夢は△△の象徴」とする、夢象徴の解釈本が出版されるのだと思います。

ナスビに関しては、第一部の初夢の象徴「一富士、二鷹、三ナスビ」のところで触れたように、その形状が子宮に似ているところから、子孫繁栄と豊穣のシンボルとされていました。そんなナスビが長靴に入っているのです。みなさんのなかで、ナスビと長靴が結びつくような経験を、現実でされた方はいらっしゃらないと思います。ナスビを栽培する農家で、畑仕事に長靴を使うことはあっても、長靴にナスビを入れることはないでしょう。ナスビと長靴は常識では結びつかないものです。そのようなものが、結びついて夢に現れるのは、夢見者がよほど特異な経験をしたときか、経験とまったく関係のないときです。カウンセラーは夢見者にナスビと長靴に関して、特異な体験がないか、これに関して何か思い出すことや話すことがないかを尋ねましたが、夢見者は何も思い出すことはなく、奇妙な夢を見たものだと、思ったそうです。

長靴とナスビの結合はありませんが、長靴と袋の結びつきは、ペローの『長靴を履いたネコ』という童話に出てきます。このお話は有名なので、みなさんもご存じだと思います。少し粗筋を述べますと、次のようなものです。

粉屋のおじさんが死んだとき、三人の息子は、長男が水車小屋、次男がロバを遺産としてもらいましたが、三男はネコをもらっただけでした。三男が不満な顔をしていたときに、ネコが私をもらったことはそんなに悪いことではないと言って、三男に長靴と袋を用意させます。ネコは長靴を履いて歩き回り、さまざまな策をめぐらし、ついには三男にお城とお姫様を獲得させるのです。

ネコは森を歩き回れるように、との理由で長靴を要求するのですが、もともとネコには長靴など不用でしょう。袋は物を獲得したときにそれを入れるのに必要ですが。このお話の題名は『長靴を履いたネコ』と、長靴を履いていることが強調されています。長靴と袋の結びつきは、長靴とナスビ（袋と形状が同じ）の結びつきのように、新たなる生産と結びついているのです。昔話や語り継がれた童話には、人間の心の深層が書かれていることが多いものです。書店の心理学書のコーナーにこの種の本がありますので、興味深い人は読んでみてください。

靴の夢

すこし寄り道しましたが、本題に戻りましょう。

長靴は雨のときや道が悪いとき、寒いときなどに履くものです。長靴はクリスマスでは、サンタさんからの贈り物を入れる容器としても使われます。この夢では長靴そのものが、ご主人からの手作りのプレゼントです。そこにナスビが入っているのです。誰が入れたかはわかりません。

夢見者夫妻には子どもがありません。夢の背景はキャンプ場ですが、この夢のとおり野外活動も好きです。テントの中で夫が作っていたものは、最初は帽子でした。これはキャンプでは必需品です。長靴もときには必要ですが、普通は防水加工されたウォーキングシューズかキャラバンシューズを履きますね。長靴は雨用です。サングラス付きの帽子はお天気用です。お天気用の品物から雨用の品物に変わったのです。このことは、夫婦のあいだのことで、上天気の生活品ではなく、雨用のものにご主人が変更したことを意味します。

夢見者夫婦の最大の問題は、子どもができないことです。子どもができなければそれでもいい、二人で人生を楽しめばいいではないかと、二人は考えています。しかし、どこかでやはり子どもができたらいいなあとも思っているのです。

長靴の中にナスビが入っていれば、歩きにくくて仕方がないでしょう。でも、夢見者はご主人の作ってくれた長靴に満足して、二人で知らない町を歩いていこうとしています。この夢では、ナスビは子宮（子宝）の象徴です。長靴には生殖器の象徴もあります。ご主人の作ってくれた長靴の中のナスビを掘り出さずに、キャンプ場をあとにして、これから知らない町へ出かけていくのです。

日常とは異なるキャンプ生活より、町の生活を子どもといっしょに過ごしたいとする、夢見者の希望が夢のメッセージとなっているのでしょう。

この時点では、夢見者夫婦に子どもが授かるのは大変かもしれません。夢見者自身が、履きにくい長靴を履いて、その中に子宝を持っているのですから。それでも、夢見者は大事にナスビを踏みつけずに歩いていきます。ご主人が作ってくれたかっこよい長靴を大切にし、ナスビを保護しながらゆっくり進んでいけば、この夫婦はやがて子宝に恵まれるだろうとカウンセラーは思いました。

蛇足になりますが、数年後そのとおりになりました。

次に人生の岐路に差しかかってきた、中年の経営者の夢をご紹介しましょう。

いつもの乗り換え駅で、一人のおじさんが靴を売っている。そばを通りすぎようとすると、そのおじさんに呼び止められる。見ると並べてある靴のなかに、自分が小学校のときに履いていた靴（上靴）があり、『○○○○（夢見者の本名）』と名前が書いてある。「どうしてわかったのですか」と尋ねると、「覚えているかなあと思って…』と言う。「それ、買わせてもらいます」と言って、靴を買う。

まず、夢を一読したときに、前半は『はてしない物語』を彷彿とさせる夢だと、感じました。エンデの『はてしない物語』をお読みになった方はおわかりだと思いますが、夢のメッセージは、少年が自分の世界に閉塞感を感じているときに自由な世界を夢見る物語だと思います。そこには少年が越えなければならない現実がありますが、ロマンの世界を失ってしまいますと、男の子は生き生きとできなくなります。ロマンを失うと男の人生は寂しくなります。かといって、ロマンをいつまでももちつづけると、中年を過ぎて世の中に対する不満が高まり、不満分子の嫌らしい中年になってしまいます。

夢見者はきっとしっかりと現実を生きてきた人です。夢見者の仕事は、アパレル関係で、現実を知ると同時にロマンの世界を世の中に供給する使命を帯びています。昨今の業界の現実は厳しいので、ひょっとして、どこか心の片隅に「売れなくてもいい、このようなものを出したい」というような願いがあるのではないかと思いました。しかし、夢見者は社長なので、そのようなことを軽々しく行なうことは許されません。それが夢になっているような感じがしています。そして、夢はどこか夢見者の小学生時代の思いと関連しているように思います。

夢見者が呼びとめられたのは、自宅から会社へ行く途中の乗り換え駅でのことです。夢見者はいまちょうど人生の乗り換え駅にいるのです。靴屋さんは、『はてしない物語』の骨董屋のお祖父さんのように、夢見者が通ることを予見しています。上靴を買うことも。靴にはすでに名前が書かれていたのですから。

「靴を買う」夢は、新しい出立や希望、路線の変更、を一般的には意味することが多いのですが、一般的な分析のことは個人的なことがわかってからでも遅くありません。買ったのは上靴です。これは、外の世界へ出ていくための靴ではありません。あくまでも内部で履く靴です。ロマンや希望は上靴で歩ける範囲で思考するのがいいようです。

靴は身近なものですが、このように夢に現れるといろいろな意味をもっています。身近なものほど、それを夢にまで見るのには、それなりの強い理由が心の中にあるからでしょう。また、上履きと下履きを区別する日本とそうでない国とでは、靴のもつ意味が異なります。アメリカでは、「靴を脱ぐ」という言葉は、「寝る」のと同じ意味になることがあり、男女の関係では性的な意味合いを強くもつことさえあるからです。

もしあなたが靴の夢を見られたら、自分にとっての靴の意味を考えてください。詳しい夢分析はそのあとからでもいいのですから。

7 夢中夢（夢の中で夢を見る）

夢中夢（夢の中で夢を見る）

第一部の「胡蝶の夢」のところでも述べましたが、夢を見ているときには、眠っていて夢を見ている自分と、夢の世界で活動している自分の二人の自分がいます。夢を見ているときは、夢を見ているという自覚がない場合のほうが多く、夢で怖い体験をしているときは、覚醒時に怖い体験をしているときと気持ちに変わりはありません。そして目覚めたときに、あれは夢だったのかとわかるのです。

トイレの夢のところで述べましたが、夢では排尿をする前に目が覚めることが多いのですが、ときには夢の中で排尿してしまったあとで目覚めることもあります。そのとき、子どもや高齢者は実際にオネショをしているときもありますが、普通、大人の場合はオネショはしていないものです。排尿をリアルに夢で体験しながら、実際にはオネショをしていないのは、どこかで「今の体験は夢なのだ」と脳が知覚しているからです。脳の知覚が未熟な子どもや、脳が衰えてきた高齢者は、リアルな夢の体験を夢だと知覚する能力が弱いのです。

しかし、排尿の夢はともかく、大人でも怖い体験をしたときには、実際に大声を上げて目が覚めるときがあります。このようなとき、この恐怖体験が夢だと脳は知っているのでしょうか。トイレの夢では排尿しても、実際は膀胱にまだ尿が溜まっていますので、目が覚めるまで何度も何度もトイレへ行く夢を見ることがあります。このようなとき、脳はどこまでが夢の世界で、どこからが現実の世界なのかを区別できているのでしょうが、夢見者の実感はすべてが夢の中のできごとです。

夢の世界で、覚醒時の世界の現実が把握できていないときは、夢の中の行動を実際に行なうと大変なタブーを犯すことになります。たとえばオネショを実際にすると、後片づけが大変なことに加えて、排尿は指定の場所でしかしてはならないという社会通念を破ることになります。社会通念に反した行動をすることは恥ずかしいことですので、夢の世界でも禁止が行き届いているのでしょう。排尿は、怪獣と戦うような夢と違って、夢の中でも現実と同じ行動ができます。だから夢の世界でも現実世界の禁止が生きているのでしょう。

夢を忘れやすいのは、夢で体験したことを現実世界にまで持ってきたくないという心理がはたらいているからです。また、覚えていたくない衝撃的な夢を処理する方法の一つに、夢中夢があります。嫌なことを「日記には書いておこう」とする心理がありますが、夢にもこのような作用があるのです。現実へ直接にもってくるにはあまりにも衝撃的な場合は、夢のクッションを二重にするのです。すなわち、夢の中でも、これは夢である、という夢中夢にするのです。これが夢中夢の一つの役割です。

それでは、夢中夢の例をご紹介しましょう。

夢中夢（夢の中で夢を見る）

◆◆◆◆◆◆◆◆私は何か悪いことをしてしまっていて、「あっ、本当にしてしまったなあ」と感じている。どこかで「夢であったらなあ」と思っている。

夢の中で、「これが夢だったらなあ」と、夢見者は思っています。夢なのに夢であってほしいと思っている、これが夢中夢です。

ではどうしてこのような夢中夢を見るのでしょう。どこが夢と現実との間に二重のクッションを置いているところでしょう。その答えを得るためには、これが夢中夢でなくて、単なる夢だとしたらどのような夢になるかと考えることです。

「私は何か悪いことをしてしまっていて、『あっ、ほんとうにしてしまったなあ』と感じて目が覚める」このような夢になると思います。この夢だと何かしっくりこないと思われませんか。そうですね。「本当にしてしまった悪いこと」の内容がないのです。普通の夢にすると、夢見者は「本当にしてしまった悪いこと」の内容をあきらかにしなければなりません。「本当にしてしまった悪いこと」とは、夢見者が自分にさえも今の段階では言いたくない、夢見者自身の隠された願望です。夢の中で「夢であったらなあ」と思うことで、その内容を隠していても違和感を起こさないのです。すくなくとも夢見者本人には。

夢のメッセージは巧妙です。夢見者が自分の邪悪な願望を意識してコントロールできるまで、夢は二重のクッションで夢見者を守っているのです。二重に守られた夢の中で、夢見者が「邪悪なこと」をすることによって、夢見者が現実世界でそれをしなくてもいいようにしているのです。夢見者にコントロールできる力がついてくると、邪悪な内容が具体的に夢に現れ、そして目覚めるという普通の夢に変わります。

これと似た「危険な夢」を紹介しましょう。

◆◆◆◆◆◆◆◆私は透明なガラスの窓から外を見ている。安全なビルの中で地震にあう。何人かで外の様子を冷静に見ている。右手親指に少し怪我をするがたいしたことはなく、これは夢かと思っている。

これが普通の夢だったら、最後は「右手親指に少し怪我をするがたいしたことはなかった」となるでしょう。読者のなかには、それでもいいではないか、何が危険なのか、と思われる方があるかもしれません。たしかに、夢の内容を見るかぎりそれでいいように思います。夢見者は安全なビルの中で地震にあっています。安全なビルの中ですので、夢見者は安全です。そこにいるほかの人も外の様子を冷静に見ています。

それでは、私から一つ質問させてください。どうしてこのような安全な夢を夢見者は見る必要があるのでしょうか。第一部の夢分析の基本的考え方の一つとして「どうして夢見者がこの内容を夢にまで見る必要があるかを考える」ということをあげておきました。そうです。夢分析はいつでもその基本に立ち返ることが大切なのです。

いくつかの答えを考えてみましょう。

「夢見者は地震に対する恐怖心が特に強い。そこで、たとえ地震が来ても自分は安全なのだと夢で保証してもらう」

なるほど、だいぶ考えられましたね。でも、夢で地震に対する安全を保証してもらっても効果があるでしょうか。実際に地震が来たときは、何の効果もないばかりか、地震への安全対策を怠らせてしまい、夢見者に多大の実損を与えかねません。夢のメッセージは、夢見者のためですので、このような効果のない、あるいは逆効果になることはしません。

「ダメか」と、簡単に自分の考えを捨てないでくださいね。この考えの中に大切な考え方がありますから。夢の中で、地震が起こっています。夢の中の地震は、地震の夢のところで詳しく述べますが、心理的地震であることが多いのです。夢見者の心に起こる可能性がある地震です。

「この地震による被害を避けるためには、安全なビルに避難し、冷静になりゆきを見つめるとよい、という警告夢です」

なるほど、考えられましたね。でも、それなら普通の夢でもいいのではないでしょうか。どうして夢中夢にする必要があるのでしょう。

夢見者は安全なビルにいて、冷静に見ているにもかかわらず、親指に怪我をしました。この夢で述べられていないのは、どうして怪我をしたかです。たいしたことがない怪我をしたのに、夢でそれを再確認する必要が、夢見者にはあるのでしょう。ここまでくると問題がハッキリしてきましたね。夢見者は「怪我がたいしたことがない」ということを、自分に夢の中で言わせる必要があったのです。「傷は浅いぞ。大丈夫だよ」と言われるときは、多くの場合重症です。この夢が、夢中夢の形をとっているのは、夢見者の無意識が予測している心理的衝撃がかなりなものであり、「傷は浅い」と言ってもらわないといけないくらいのものだからです。

カウンセラーをしていて緊張するのは、このような夢に出会ったときです。夢見者はほとんどの場合、夢の内容を気にもとめていません。そうとうの危険が予測されるのですが、それを夢見者に言っても「へー、そうなんですか」と、心に届きません。かといって心に届くように脅かすと、今度は萎縮してしまいます。

カウンセラーにも、どのような地震が起こるのか、具体的な予測は立たないので、こういう場合は夢見者に現れるほかの夢に細心の注意を払います。本当の地震にも予兆があるように、心の地震には必ず予兆があります。いつそれが来るかはわかりませんが、心の地震の場合は、危険性の具体的兆候がほかの夢で示されることがあるからです。夢のメッセージは夢見者のためにあるのです。

あまりにも恐怖が自分の世界と結びついたときにも、夢中夢は現れます。似たような夢を二つご紹介しましょう。

◆◆◆◆◆◆◆◆一人の男がいた。地中から二つの手首が出てきて、その男を地中に引きずり込もうとしていた。その二つの手首は、その男の二人の妻のものであった。それぞれの手のひらには眼がついてい

◆◆◆た。そんな夢を見て驚いて目覚めたが、それも夢の中であった。

なんとも恐ろしい夢です。夢見者は三〇歳の既婚の女性です。もし夢見者が既婚の男性であれば、夢のメッセージは、妻に地中に引き込まれる夫の心の中のイメージでしょう。夢の中の男性には、妻が二人もおられるので、おそらく夫をめぐる二人の女性の葛藤によって地獄に引き込まれる恐怖を感じている、という夢だと思われます。二人の女性の片方が正妻で他方が愛人か、またはこの妻の内に二人の女性が住んでいる、すなわち二つの異なるキャラクターの持ち主であるということでしょう。夫は、二人、または二つのキャラクターへの接し方がわからず、苦しんでいるのです。手のひらに眼がついているのは、この人の妻の魔性かもしれません。

しかし実際、この夢の夢見者は女性です。もし、彼女の夫が浮気をしており、夫と葛藤がある場合は、「あなたなんか、地獄に落ちろ！」と叫びたいのでしょう。が、夢中夢はそんなに簡単ではありません。それに、夫が浮気をしている場合、女性の恨みは通常は相手の女性に向かうことが多いですから。カウンセラーは夢見者に夫が浮気をしているのではないかと疑っているかどうかを聞きました。夢見者の答えは、「主人は真面目な人で、そんな勇気などありません」でした。

すると、この夢のメッセージは、夢見者の中に二人の女性が住んでいるということになります。しかも、その一つは妖怪のような恐ろしい女性です。夫を地獄に引き込む可能性をもった妖婦です。人間は誰でも、男も女も心の中には、魔物の一匹や二匹は飼っているものです。しかし、それに気づくのは恐ろしいことです。誰でも自分はいい人間だと思いたいですものね。夢見者は三〇歳になり、結婚生活が七年目を迎えています。そんな時期には、ふと女の魔性が浮かび出る時間や日があるものです。こうした夢はそのようなときのもので、「でも、そんな私は、夢の中の夢の世界に閉じ込めてあるのよ」というのがこの夢のメッセージです。夢の世界からしても、もう一段隔離されている夢のまた夢世界に魔性は現在住んでいます。これからだんだん中年になっていき、女の魔性が出てくるかもしれません。そんなときの準備のために、夢見者はこの夢を見たのです。

夢は、夢見者が中年の盛りに魔性をコントロールできるように、早くもメッセージを放っているのです。

次の夢は前の夢と似ているのですが、夢中夢の形を取らず、それが変形した形で現れたものです。

◆◆◆◆◆◆◆◆草原に、女の首だけがいくつも転がっている。干からびて、皮と肉が剥がれかかったものもある。それはみんな実際の体験ではなく、「怖いことが書いてある本」を見ているようだった。

「草原に女の生首がいくつも転がっている」、なんとも恐ろしい夢です。殺されてから時間がたったものもあるようです。女の野外処刑場のような感じです。夢には、どうして殺されたのか理由がいっさいありません。女だけが殺されているのですから、普通の戦場でも処刑場でもありません。これは正確にいいますと、夢中夢ではありません。夢中夢の類似の夢です。しかし、普通の夢のように、夢を体験的に見ているのではありません。夢で「怖い本」を見ているのです。このほかに「テレビ」や「映画」を見ていた、というような夢中夢に類似した夢があります。怖い本や怖いテレビを眠る前に見ていたために、このような夢を見る人もいますが、その場合はたいてい目が覚めてから、「あんな怖い本を読んでいたので、こんな夢を見たのだな」と夢の原因がわかります。夢は本やテレビにあった怖さを実際に体験しているのです。ただし、この夢の場合はそうではなく、夢の中で「怖い本を見ていたようであった」と、夢を直接に体験していません。

実のところ、夢見者が実際に前の晩に怖い本を見ていたかどうかは、夢分析ではそんなに問題にすることではありません。なぜかといいますと、怖い本を読んだ人が必ずそれを夢にまで見るとはかぎらないからです。怖いテレビを見た人で、その晩に怖い夢を見る人はそんなに多くありませんから。怖い本やテレビが怖い夢の刺激になるのは、夢見者の心にその本やテレビに刺激を受ける何かがあるからです。

夢見者の心にそのような刺激を受ける何かがあるかどうかを知るために、夢見者に怖い本を現実に読んでいたかどうかをカウンセラーは聞きました。夢見者はこの夢のような本を読んでいませんでした。では、どうして夢見者はこのような夢を見たのでしょうか。

夢見者は女性性といいますか、「女らしくすること」や「女を前面に出す人」に対して、ずっと抵抗をもっていました。このことは、夢見者自身が女性であるにもかかわらず、自分の自然な女性らしさを殺すことになってしまいます。また女性との関係を自分のほうから制限してしまうことになってしまいます。夢で現れた女性の生首は、夢見者が今までに殺してきた自らの女性性なのです。夢見者は二六歳です。少しずつ自分の女性性を受け入れてもよいというような変化が心に起こってきていました。そのようなときに見たのがこの夢です。夢は夢見者がいかに自分の女性性を殺してきたかを伝えたいのです。それでもまだこの時点では、夢を直接的に伝えるのでは刺激が強すぎますので、「怖い本を見ていたようであった」と、夢中夢に類似した形をとったのです。

夢の配慮は実に細やかでしょう。夢は夢見者から夢見者へのメッセージですので、夢見者の心をよく知っており、それだけ配慮も細やかなのです。

最後に、夢中夢それ自体が、夢見者の心の病の実態を体験的に経験させる夢をご紹介しましょう。

◆◆◆◆◆◆◆◆◆◆◆◆
夢だとわかっているのに、なかなか目が覚めない。覚めたと思ってもやはり夢だ。階段を降りて、電話のダイヤルを回す。ダイヤルが歪んできて、回り方が目茶苦茶になるので、ああ、これもやはり夢だとわかる。

夢見者は青年期の女性で、離人感に苦しんでカウンセラーのところへやって来た人です。離人感とは、そこにそれがあるとわかっているのに、生き生きとその存在が感じられない心の症状です。みなさんはきれいな富士山を見たら、そこに富士山があり、今日の富士山はなんと美しいか、と存在と感激を生き生きと体験されると思います。しかし、この夢見者は富士山がそこにあることは頭ではわかるのですが、心でそれが感じられないのです。思春期の女性のなかには、一過性ですがこのような感覚をもつ人はかなりおられます。離人感自体は極度に異常なことではないのですが、心がスッキリせず気持ちのよいものではありません。隔靴掻痒《かっかそうよう》のような気持ちがするのです。ちょうどガラス戸を一枚あいだにおいて世界に接している感じです。

「夢だとわかっていて目が覚めない。覚めたと思ってもやはり夢だ」という感じは、絶妙な離人感を示しています。「電話のダイヤルを回す。ダイヤルが歪んできて、回り方が目茶苦茶になるので、ああこれもやはり夢だとわかる」も、離人感を体験したことのある方なら感じがわかると思います。

では、覚醒時でも嫌な体験である離人感が、どうして夢にまで現れたのでしょう。実はこれは大変不思議なことなのですが、神経症症状や心の症状を夢で体験しますと、症状が軽くなったり、消えたりするのです。どうしてそのようになるかは、まだ明確にはわかっていませんが、私は、心の症状というのは心の中に存在するものが、現実にもれ出たものだと考えています。だから、それをもとの心の世界にかえしてあげると、症状が消えるのではないかと考えています。

われわれの世界は、現実の世界とイメージの世界から成り立っています。イメージの世界をそのまま現実にもってくると、これは狂気の世界のように受け取られかねません。「追いかけられ逃げ回る」夢を見ても、目が覚めてそれが夢だとわかると、当たり前のこととして処理できます。しかし、現実の世界で誰も追いかけていないのに、「追いかけられ逃げ回って」いれば、人はその人が狂気に巻き込まれていると感じます。今の言葉でいえば、バーチャルリアリティをリアリティと感じてしまいますと、それは狂気の世界に巻き込まれていることになるでしょう。小さい子どもの時代は、イメージと現実の区別がついていないことがあります。スーパーマンの映画を見て、風呂敷をマントがわりにして階段を飛び、大怪我をした子どもがいますが、これはイメージの世界を現実の世界と混同した結果です。このような混乱が大人に起こりますと、われわれはそれを狂気だと見なしているのです。妄想を「これは妄想だ」と気づけば、もはやそれは妄想ではありません。「これは夢だ」と気づくのと同じです。

夢見者の現実の離人感は、それを夢で体験したあと、しだいに消えていきました。症状や妄想を夢に見るのは、心理療法としては有効な治療法なのですが、なにぶん、夢に見てくださいと言っても、また当人がそれを夢に見たいと思っても、なかなか希望どおりには現れてはくれません。それは、症状がどれほど苦痛で嫌なものであっても、当人にとっては、その症状があることに意味があるからだと考えられています。

夢は、症状がもつ無意識の意味がよくわかっているのです。症状がもつ無意識の意味が変化したときには、夢はそれを知らせてくれます。夢はいつでも夢見者の味方ですから。私は、夢カウンセラーですから、「どうすれば症状が取れますか」と、聞かれたときは、「症状とできるだけいっしょのことを夢に見てください」と答えています。今まで何人もの方が、自分の症状を夢に見たときは、症状がなくなるか、軽くなるかしています。なくなるケースと軽くなるケースの差は、夢が症状とどれだけ一致しているかの差です。差がなくなれば、症状は不思議なことに消えてしまいます。

人生節目の夢

8 自立の夢

著名な心理療法家であるアレンは、「分離は成長への過程である」という言葉を残しています。成長は自立することと深く関係しています。だから、成長するためには別れ（分離）が必要なのです。胎児から乳児へ変わるときは、母の身体からの分離があります。子宮の居心地がいくらよくても、いつまでもそこにとどまることはできません。乳児から幼児への移行期には、どんなに寂しくても乳離れをしなければなりません。幼児から学童へ進むときは、社会に一人で出ていかねばなりません。思春期は子どもから大人への過渡期です。親から自立するための準備期間です。結婚は親からの自立（分離・独立）を意味します。壮年から老人へは、生産（公的仕事）との別れが待っています。

別れの時期は、抵抗の時期です。反抗の時期でもあります。それは、居心地のいい場所から離れようとすると、今までの体制に反抗しなければならないからです。でも、離れたくない気持ちも大きいですから、抵抗が生じます。

第一反抗期は「ぼくがする」「私がする」と、今まで何でも親にしてもらっていたことを自分ですると宣言することから始まります。子どもがそう言ったときは、親は、たとえそれが下手でも自分でさせることが大切です。しかし、子どもがこのようなことを言うときは、親が時間に迫られていて忙しいときであったり、危なくて見ておれないようなことだったりすることが多いようです。どうして、よりによってそのようなときに言い出すのかといいますと、子どもにすれば、意識では親に頼らず自分でしたいのですが、無意識ではまだまだ親にしてもらいたい、という気持ちがあるからです。親に反抗し、親から怒られたり、「勝手にしろ」と言われて、はじめて大好きな親から分離・独立できるのです。反抗期のない子どもに、のちのちむずかしい問題が出るのは、自立の時期に自立できていないからです。しかし、ある程度年月がたち、年をとってからも自立できていない未熟な人格ですと、社会から相手にされなくなってしまいます。そのときに問題が顕在化してくるのです。

また、早すぎる自立も問題です。それは、頼れる人（多くの場合両親や叔父叔母、友人、先生）がまわりにいなくて、無理にひきはがされる感じで分離させられるからです。皮膚でも無理にはがされると血が流れるように、自立も無理にさせられると心に血が流れます。「いい子」があとで問題児に変わることがありますが、それは早く大人にさせられたからです。「この子、おとなしくて行儀がいいのよ」というのはほめ言葉ですが、おとなしいとは「大人しい」と書くように、大人らしくすることです。子どもが無理にこのようにしているときが問題なのです。

自立には、四つの領域があります。身辺自立、社会的自立、経済的自立、精神的自立です。身辺自立ができていない男性は、母親や妻から子ども扱いされます。「家には一人大きな坊やがいるのよ。それがいちばん手がかかるのよ」と、陰で言われている男性が日本ではかなりあります。身辺自立ができている男性は、自分のペースで日常生活が送れますし、家族が病気や多忙なときも、役立つ人としてみんなから尊敬されます。年をとっても、定年が来ても、奥様から「粗大ゴミ」「濡れ落ち葉族」「俺も族」などと言われることはありません。

女性は身辺自立のできている人は多いのですが、このごろは身辺自立ができていない若い女性が増えてきました。結婚したのちも、子育てや家事を母親任せにしている人さえ見られます。

社会的自立と経済的自立に関しては、戦後女性の社会進出にともなって、男女ともかなりできてきましたが、その反面、半分親がかりでフリーターをする若者が増えているのは皮肉な現象です。また社会的自立が奨励される反面、人間関係が下手な人や引きこもる人、挨拶ができない人が増えてきました。「一つよいことさてないものよ」と、なかなか何事も一筋縄ではいかないものですね。

自立するときはどこか自分の中に抵抗がありますので、意識と無意識の思いが乖離《かいり》していることが多いのです。それだけ夢のテーマとしてしばしば現れてきます。

前置きが長くなりましたが、自立の夢を見ていきましょう。

◆◆◆◆◆◆◆◆ 私は、誰かと寝ている。母の実家の奥の部屋（そこで私は生まれた）のようである。はじめ、その人は母のようだったが、いつか知らないあいだにAさん（ボーイフレンド）になっていた。

自立の夢

親からの自立は、子どもが性に目覚めてきたときに起こりはじめます。それは娘に生理が始まり、ボーイフレンドができる時期でもあります。思春期になって、親への反抗が起こるのは、その反抗を通じて自立するための心の自然な動きです。今まで父親に甘えていた娘が、父親を極度に遠ざけたり汚がったり、「ネクタイがいつも同じだ」「ダサイ」などと非難するのもこのころです。それは今まで子どもだった女の子が女性に成長してきた証拠なのです。

この夢では、自分が生まれた場所で、母親といっしょに寝ています。母親に授乳してもらい、添い寝してもらっていたのが、いつの間にか母親が夢見者のボーイフレンドであるAさんになっているのです。

しかし、このような夢は、思春期や青年期にはあまり見ません。見ても覚えていないことのほうが多いのです。思春期・青年期には、母親と寝るよりはボーイフレンドと寝る（いっしょにいる）のが現実ですので、夢にまで見る必要がないからです。もし見ても覚えていられないのは、失恋や恋人との現実の関係がテーマになっていることが辛いからです。このような夢を見るのは、二〇歳代の終わりごろに多いようです。

夢見者は二九歳の女性です。これは、ボーイフレンドに、母親に対するような甘えが出せないときの夢でした。そして、もはやこの年では、母親にも昔のように甘えられないと感じている夢なのです。

もう一つ、同じようなテーマの夢を見てみましょう。

どこか遠くの南の島。そこで、私は父と出会う。島では私たちの歓迎パーティーを開いてくれる。島の娘さんが何人も入ってくる。その姿を見て父はちょっととまどっている。私に見せたくないと思っているようだ。いぶかしく思って見ると、娘さんたちはみなトップレスだった。父は、こんな開放的な姿を娘に見せては、教育上よくないのではと思っているようだった。が、私は、暑い島ではこのほうが自然だという気がして、父さえ見ていなかったら、自分もトップレスになりたいと思っている。

◆◆◆

場所は遠くの島です。これは、夢が非日常的な場を設定していることを示しています。そのことからこの夢が現実にはありえない心の中の思いに関するものであることがわかります。父娘を歓迎してくれるパーティーが開かれているのですが、島の娘たちは、みんなトップレスです。もし、ここに娘がいなければ、父親は歓迎パーティーを楽しんだと思います。でも、娘がいっしょでは男であるより父親であらねばなりません。さらに、娘が同じようにするのではと考えると、このような場面は忌避したいような複雑な思いがあります。父親は、男としては性的なことに関心があっても、娘には性に目覚めてほしくない、とどこかで思っているのです。これは、母息子の関係でも同じです。息子の部屋にポルノ雑誌や避妊具が隠してあるのを見つけたりすると、息子が人並みに成長したことに安心するとともに、事実そのものを拒否したい気持ちになったり、複雑なものです。親も同性の子どもの性にはかなり許容的なのですが、異性の子どもには近親相姦タブーがはたらき、親子関係が複雑になるのです。

この夢では、夢見者（娘）のほうが、父親の狼狽を楽しんでるようです。父親がいなかったら自分もトップレスになりたいとまで思っているのです。子どものほうが親より精神的に余裕をもつようになったら、それは自立の証拠の一つです。

次に、母娘の関係の自立の夢をご紹介しましょう。

自立の夢

◆◆◆◆◆◆◆◆ 私はなぜか母のブラウスを持っていた。誰かが、そのブラウスをこのごろどうして着ないのかと言っていた。

靴のテーマのところでも述べたと思いますが、親の物を身につけるというのは、親と同じようにしたい、親のように強くなりたい、きれいになりたい、化粧したい、など親をめざす、子どもの思いからきています。母親の化粧道具をこっそりと使ったり、イヤリングや指輪をはめたりした経験は、どなたにもあるのではないでしょうか。自分の化粧道具を持つようになれば、娘はもはや子どもではなく女性です。しかし、現実に親の物を身につけるようなことをしているときは、それを夢に見ません。その必要がないからです。

夢見者は理由はわからないのですが、母親のブラウスを持っています。理由がわからないのは、母から譲り受けたとか母の形見のというような現実の理由ではなく、それが心の理由であることを示しています。いつも母親といっしょで、母親に依存する人（英語では、パスポートが母親といっしょになっている子どものことを依存者dependentと表記しています）であった夢見者が、だんだん自立してきていたのです。それを誰かに言われて気づきます。誰かというのは、夢見者が無意識に感じていた声です。本人は明確に気づいてはいなかったのですが、あなたはもう母親からかなり自立しているのですよ、という夢のメッセージなのです。

親から自立しようと思うなら、親のようにものごとができなければなりません。家事や社会的な規範や仕事に対する態度などは、同性の親から学ぶことが多いものです。ですから、女性は自立するためには、母親ができていることを母親から学ぶ必要があります。現在、家族関係が希薄になり、親から子への伝達がうまくいっていないといわれています。親が教えようとしても子どもが嫌がったり、親のほうも嫌がる子どもにあえて教えようとしなくなったためでしょう。現在は、子どものほうが親から学ぶ必要性を感じないかぎり、このような伝承が行なわれにくくなってしまった時代です。このような時代を象徴する夢を見てみましょう。

◆◆◆◆◆◆◆◆◆◆◆◆◆◆◆◆◆

雪山の山上に私はいた。そこから、曲がりくねって急な、ほうぼうに崖のある坂道を、そりで滑って下りていかねばならない。これが簡単なようで、とてもむずかしい。滑りだすと、予想もしなかったスピードが出て、どんどん加速していく。ちょっとでも舵取りを誤ったら、崖から落ちてしまう。私は、とてもこのような危険な乗り物を乗りこなすことはできないと思う。

◆◆◆◆◆◆◆◆◆しかし、下界へは必要な物を買い出しにいかねばならないのだ。母はそりを操るのがうまかった。私もここで生活するには、そりを上手に操れるように練習をしなければならない。

夢の背景は雪山の山上です。ここから下界へ下りなければならないのですが、その目的は必要な物の買い出しです。同じような夢でも、下りていく目的が違いますと意味も異なります。夢見者は生活必要物資を買うために下界へ下りるということから、ここで生活しようと思っているのです。これが現実だったら大変です。買い物をしたあと、買った物とそりを抱えて、雪の山道を登らなければなりません。これは現実では実行不可能なことです。

この夢の特徴は、母親もこのような生活を送っていたことです。それは「母はそりを操るのがうまかった」と夢見者が述べていることからわかります。夢の目的は、生活物資を手に入れること、つまり母がやっていた生活を受け継ぐことです。結婚生活あるいは自立した生活をするために、そりを操ることを学ばなければならないのです。そりを操ることの要点は舵取りです。夢見者は、若い既婚者です。彼女の結婚生活、特に日常生活には雪山の山上に住むような大変さがあるのです。それを円滑に行なうためには、母から大切なことを学ぶ必要があるのです。

特に舵取りが大切なのです。舵取りは、一つ誤ると谷底へ転落する危険性をはらんでいます。それ

自立といいますと、親からの自立がいちばん多いのですが、師匠からの自立、親会社からの自立、雇用されている立場からの自立などもあります。ここでは師匠からの自立の夢を見てみましょう。

どこかの部屋。A先生を「そのやり方はまちがっている」と私はなじる。A先生は追い詰められると、卑怯ですごく不誠実な感じになる。半身になって逃げる感じである。(間) A先生の弟子に襲われるが、間一髪のところで逃げることができる。そこから広い道路に出るとA先生の車がある。私はその車ごと持ち上げ運河に捨ててしまおうとする。

夢見者が、長年師事してきたA先生から独立しようと思っているときに見た夢です。師匠の欠点が見えはじめますと、それは自立・独立のときです。偉大な師匠は、弟子が力をつけてくるとうれしく思い、うまく自立させてあげることができます。これは母子分離や親子分離でも同じで、親自身が自立していると、子どもの自立は、一抹の寂しさはありますが喜びのほうが大きいものです。師匠と弟子の関係も同じでしょう。

ただ、師匠と弟子はもともと他人ですので、そこには心理的なものではなく、実際の経済的な利害関係がはたらくことがよくあります。昔ののれん分けや現代のフランチャイズシステムからの離脱なども、同じような利害関係のため、争いが起こることが多いのです。

夢見者からすると、今まで尊敬していた師匠の欠点を見つけ、それを伝えたところ、師匠は急に卑怯で不誠実になり、逃げる感じになります。気持ちの狭い師匠や上司に仕えると、このようなことが起こります。弟子のほうにも問題があります。師匠に欠点があっても、今までの恩義や礼儀がありますので「なじる」態度はよくありません。このような、師匠から見たら「礼儀知らず」な弟子と、弟子から見ると「卑怯な、人格の低い」師匠の関係のときに問題が起こるのです。

弟子と師匠、上司と部下、親分と子分の関係の変化は、ときには争いに発展します。その争いは、骨肉の争いについで激しいものになります。夢では、師匠はほかの弟子に夢見者を襲わせ、弟子は師匠の車を運河に持ち上げて捨ててしまおうとします。はっきりとはわかりませんが、「車ごと」というのは師匠を乗せたまま捨てるということでしょう。車を持ち上げて捨てるためには、そうとうの力がいります。「火事場のバカ力」という言葉がありますが、激しい怒りがないとこのような真似はできません。けれども、夢見者は最後の一線で躊躇していることも事実です。だからこそ、このような夢を見たのでしょう。カウンセラーに、師匠のことを激しく攻撃したのち、それがカウンセラーに受け入れられると、自分の「なじる」態度を反省しました。それがこの夢のメッセージだったのです。

夢見者は、心の中ではこんなに激しい憎悪を抱いていましたが、実際は師匠をなじってはいませんでした。彼は礼儀をもって師匠に挨拶し、独立していきました。師匠と弟子は同業ですので、今後のことを考えるまでもなく、円満に自立することが大切なのです。このような夢を見て、夢で激しい怒りと感情を表現することによって、彼は自分の怒りを知り、それに対処できる方法を得たのです。

自立の夢

自立のなかでも精神的な自立には、以前の自分からさらに成長した自分への自立があります。夢でこのことを見てみましょう。

◆◆◆◆◆◆◆◆◆◆◆◆◆◆◆◆◆◆◆◆◆◆◆◆◆◆◆◆

旅館の一室のような所で、私は女ばかりのグループにいる。リーダー的な役割をはたしている人が、「今日のテーマは『私はどのようにして女になったか』です」と言う。私は「へえ、女にはなるものなのか。私は生まれたときから女だと思っていた」と言いつつも、「そういえば、私はこのごろやっと女になりつつあると思うことがあるけれど」とも言っている。そして、そういえば「子どもは中性的だともいえるしなあ」と思っている。

「女になる」という言葉は、一般的には、成熟した大人の女になる、すなわち男性を知ったことを意味します。夢見者は、現実ではこの使い方や意味を知っています。しかし夢では「女にはなるものなのか。私は生まれたときから女だと思っていた」と、感慨深そうです。「生まれたときから女だった」というのは性別のことであり、女性性の成熟、女の一生、女の危機、というようなときの「女」とは、違う意味をもっています。夢見者は、今まで自分が子どもだったことを夢のメッセージから得ました。そして「私はこのごろやっと女になりつつあると思うことがあるけれど」と、自分の女の概念が変化してきたのを感じているのです。

夢の場面は旅館で、女ばかりのグループです。女性は、男性と少し違って、一人で成熟していくより、女性のグループで成長していくことが多いようです。夢のメッセージは、このように背景まで配慮されていることが多いのです。ですから夢のメッセージを受け取ろうとする人は、そうした夢の配慮をくみ取る必要があります。

自立するために大切なことは、自己主張がうまくできることです。これがうまくいかないと、感情が自分の中でくすぶりますので、自立がうまくできないのです。夢でこのことを検討しましょう。

◆◆◆◆◆◆四〜五人の人が、一人ずつステージのような所に現れて、自分のことを訴えては消えていく。

この夢をお読みになった方は、「二四人のビリー・ミリガン」（ダニエル・キイス著、多重人格者の記録）でいろいろな人格がステージに登るように現れる、その現れ方と似ているように感じられませんか。われわれの心の中にはいろいろな人が住んでいます。種々の場面に対応するためには、その場面に合った顔をもつ必要があります。教師をしている人が家でも教師のままでは家族はたまりません。家でも社長だと、家族は家出したくなります。その場その場に適応した自分であることが、社会生活を営む人間には必要なのです。専門用語では、これを「ペルソナ」と呼んでいます。四〇歳を過ぎれば、人間は自分の顔に責任をもたねばならない」という格言も、「ペルソナ」の重要性を述べている言葉です。自分にいろいろな「ペルソナ」があることを、「多重人格」と誤解している人がありますが、「ペルソナ」と「多重人格」の違いは、「ペルソナ」がほかのいろいろな「ペルソナ」を意識できているのに対して、「多重人格」はほかの人格を意識できずに人格が豹変するところにあります。多様な「ペルソナ」によって、その場に応じて自分のいろいろな思いを表現できない人が、それを「豹変した人格」で表しますと「多重人格」になります。

この夢の夢見者はなかなか自己表現できない人です。いつも自分の本心を抑えています。自分を抑えることに多大のエネルギーを費やしていますので、現実の行動は「ウツ」状態のようになります。夢見者はウツ状態になることによって、人格の乖離を防いでいたのです。長い夢分析の結果、夢見者は夢で自分の言いたいことを言えるようになりました。そして、少しずつ現実でも自分の気持ちが言えるようになってきたときに見たのがこの夢です。夢見者はこの夢を見たあと、ますます自己主張できるようになりました。夢はその予行演習だったのです。

「別れることは辛いけど、仕方がないのさ君のため…」という歌がありますが、自立・独立・成長するためには、辛いことをしなければならない定めを人間はもっています。でも安心してください。夢がその辛さを助けてくれます。夢はいつでもあなたの味方ですから。

9 性的な夢

人間は本能的な行為を隠す傾向があります。今はさほどではなくなりましたが、昔は歩きながらものを食べる行為は恥ずかしいこととされていました。性行為は隠れてするものと今でもされています。ただしこれも現代では、夏の夜の公園などではきわめてそれに近いことがあまり人目をはばからずに行なわれていたり、公衆の前で抱き合ったり、キスしている若者を見るのも珍しくなくなりました。動物は、食事も交尾も隠れてするということはありません。それは自然な営みの一つで、恥ずべき行為ではないからでしょう。「恥」という感情があるのかどうかさえ疑問です。

性的なことがかなりオープンになったからといっても、公然猥褻罪《こうぜんわいせつざい》や猥褻物陳列罪《わいせつぶつちんれつざい》が刑法にあるように、性的なものを公にしてはいけないという、社会規範がわれわれの世界にはあります。性行為は自然で本能的営みです。自然なものが公に認められないときは、無意識に抑圧される、というのがフロイトの心理療法理論です。フロイトの生きていた時代は、性に関しては今以上に社会的タブーでしたので、それだけ余計に無意識に抑えこまれました。抑えこまれたものが現実にもれ出たものの一つが神経症である、というのがフロイトの心理療法理論の中核です。

夢には、無意識に抑えこまれた気持ちが表現されることが多いことから、フロイトの夢分析は性の抑圧を中心にした解釈が主流です。第一部では「麦わら帽子の夢」（37ページ）のフロイトの夢分析を述べました。そして、私の意見として、夢分析は性の抑圧だけが中心ではない、より広い、無意識の心の表現であることも述べました。フロイトの時代よりも性に関してオープンになり、フロイトの理論もいろいろ進化してきた現代において、夢もよりオープンに性を表現しているようです。フロイトの言うように、性器をいろいろな象徴に加工（男性性器を棒や槍、女性性器を箱や船などに象徴化）しなくてもよくなっているように思われます。むろん現代でも性に関しては抑圧がありますので、男性性器を「息子」と呼んだり、女性性器を「姫」と表現するようなスラングはありますが。しかし、性は生命を再生産するものであり、生命の源であることから、性的な夢も性に関してだけではなく、より広い無意識の表現だと、今の夢分析では思われています。

では、夢を見てみましょう。

◆◆◆◆◆◆◆◆

若い女性が下半身を露出させて性器を見せる。勃起したクリトリスはまるで小指くらいのペニスのように見え、生々しい肉色をしている。

◆◆◆◆◆◆◆◆

居間のような所で女性が寝ている。私が身体をくっつけて寝ていると、なぜかその女性は私を受け入れてくれて、全裸になっている。スリムでよく日に焼けていて、恥毛がハッキリと見える。

この二つの夢は、男性ならば誰しも何度かは見るような種類の性夢です。好きでも思いがかなわない人とセックスするような、もっと直接的な性行為そのものを、夢に見る場合もけっこうあります。夢精があったり、性的欲望が発散されないとき、男性は性夢を見るようです。これらの夢は、ある種のヌード写真やポルノ小説と同じで、フロイトの言うような抑圧も加工もない性の夢です。この種の夢は、トイレに行きたいときに見るトイレの夢のように、夢分析するまでもない夢です。現実でなかなかかなえられない性的願望を夢で実現するのは、性に対する呪縛が多い人間社会において、夢のある解決方法なのでしょう。少し寂しい気はしますが。

このような生々しい夢は、女性にもあるのですが、男性のようにポピュラーとはいえないようです。たとえば、

私は誰かとセックスしているようである。それは下半身の感覚からわかるが、相手が誰かはわからない。

隣に立っていた男性が、気がおかしくなったような感じで、私をきつく抱きしめる。息ができないくらいだ。ちょっと怖かったが、嫌な感じはせず、私はその人に身をまかせていた。

女性の成熟の物語として『アモールとプシケ』の話は有名ですが、このお話では、アモール（男性）の姿をプシケ（女性）が見てはいけないことになっています。普通『夕鶴』や『うぐいすの里』のように、見てはいけないとされる「見るなの禁止」は男性にはたらくことが多いのですが、性的な場面ではこれが女性にはたらくようです。女性の性夢の大半はすぐに忘れられますし、記憶していても、相手がわからなかったり、快感がなかったりという点が、男性の性夢とは違うようです。カウンセラーとして夢分析をする私が男性であるため、女性が男性ほど性夢を報告しないのかもしれませんが、私の夢分析の体験と直観からは、そもそも性に対する思いが男女で異なるところがあるように思います。

むろん、女性にとっての性は快楽をもたらします。それが典型的に現れている夢をご紹介しましょう。

◆◆◆◆◆◆◆◆◆◆◆◆◆

パルテノン神殿など世界中の古い神殿が次々と現れ、最後に「原始条例発令！」という言葉が、稲妻のように響いた。私はめったに味わえない恍惚とした至福感に浸ってそれを見ており、身体の奥深くで何かがはじける、あるいはパッと燃え上がるような感覚を体験している。

男性の性欲は、外へ向かう（放出・発散）ものですが、女性のそれは内に向かう（取り込む・育む）感じがあります。それは両性の生殖作業の違いから来ています。性器も違います。男性器が外側にあるのに対して、女性のそれは体内にあります。男性は性交や性的な刺激をイメージで感じるのに対して、女性の感じ方はこれとは異なっているのでしょう。下着泥棒や痴漢、覗きなどの性犯罪は、女性にはまったくといっていいほどありません。男性の下着や裸写真で性欲をそそられる女性はあまりいないからです。

女性は男性のようなポルノ的な夢を見ないことを述べました。今またブームになっている日本を代表する恋の物語『源氏物語』には、いわゆる濡れ場の描写はありません。時代背景もあるでしょうが、詩歌にはオープンな表現がありますので、それだけが理由とは思えません。著者の紫式部が女性であり、当時から読者の多くが女性であったことと無関係ではないと思われます。

この夢は、女性の性欲やその受け止め方がどのようになっているかを明確に示している夢です。背景は神殿です。古代には「聖娼」といわれる女性がいました。聖娼とは、神殿に捧げられた巫女のことです。彼女らは、参拝者の男性と交わります。身体の恍惚感と霊的な歓喜のなかで彼女らは女神になるのです。

聖なるものと性的なものは、心のどこかでつながっているようです。性や出産はどこかに聖なるイメージがあるのです。結婚式が教会や神社で行なわれるのも性と聖の結びついている例といえるかもしれません。わが国でも、白拍子や「お伊勢参り」の精進落としのように、参拝者が娼婦と交わることで、聖と性が一体になる風俗はありました。女性の性は霊性をもっているといってもいいのではないでしょうか。

夢見者は夢の世界で神殿を見ています。夢ですから、神殿にいる感じがあるといってもいいでしょう。そこで「原始条例」が発令されます。性衝動はまさに原始条例です。それは、われわれが原始時代から受け継いできた本能の発動命令なのです。夢見者に原始条例が発令されたとたんに、夢見者はめったに味わえない恍惚とした至福感を味わいます。それは身体の奥深くではじけるような燃え上がるような感覚なのです。このような夢を前にしますと、ポルノチックな夢が男性に感じさせる快の感覚などは色あせてしまいますね。

これと対照的なのが結婚に関する夢です。これに関してはあとで詳しく述べますが、結婚の夢の夢見者はほとんどが女性です。結婚は性を社会的に公認する人間固有の制度であることを考えますと、男性に結婚の夢が少なく、女性に男性のような生々しい性夢が少ないこととの間には、性に関する男女の心性に違いがあると考えるのが自然なような気がします。

生物学から考えますと「オスはばらまき、メスは選ぶ」というのが、自分の遺伝子を有効に伝える法則です。オスはたくさんのメスと関係すると自分の遺伝子を残す機会が増大しますが、メスは多くのオスと関係しても、自分の遺伝子を残す確率は上がりません。それよりも有力なオスと関係するほうが、自分の遺伝子をもった子どもが生き残る確率が上がります。このような生物学的な基礎が夢の表現になんらかの影響を与えているのかもしれません。それを示すような女性の性夢の典型的なものを一つ紹介しましょう。

性的な夢

白い、きれいなヌードの女性が、誰か男性に追いかけられている。その女性は、半分は本気で嫌がり、半分はからかうように笑いながら走っていき、緑濃い、幻想的な森の中へ入っていく。森の中で、男性は女性に追いつき、その乳房をつかんだ。女性は笑っていた。

夢見者は若い女性です。女王蜂は、幾匹かの雄蜂に追いかけさせながら、空高く登っていきます。途中で脱落した雄蜂は女王蜂と結ばれるチャンスはありません。最後まで追いかけることができた雄蜂だけが女王蜂の相手になれ、自分の遺伝子を残すことができます。この夢の女性はヌードであり、男性を誘惑し、彼が自分をどこまで追いかけてこられるかを試しています。幻想的な森は、まさに女性が男性と交わるためのロマンティックな舞台ではありませんか。追いついた男性が女性の乳房をつかんだとき、女性は笑っています。男性を受け入れたしるしでしょう。

この夢は、適齢期の女性が見る性夢の一つです。人間は厳格な婚姻制度をもっていますので、現在の配偶者にどこか魅力を感じなくなっている既婚女性もこのような夢を見ます。四〇歳前後の、子どもを産む可能性が終わりに差しかかった女性たちも、今の配偶者との関係がマンネリになったために失ったロマンを回復するような、ロマンティックな性夢を見ることがあります。不倫をテーマにしたテレビドラマの熱心な視聴者に、このような女性層が多いことと関係があるでしょうね。実際に不倫をすると、現実のさまざまな問題が生じて大変ですので、テレビや夢での不倫は、夢のある性欲の解決方法なのかもしれません。

次に性夢の少し変形した夢を検討しましょう。

◆◆◆◆◆◆ 大きな露天風呂。上からお風呂が見えるようになっていて、ホッとできない。

この夢を読まれた読者、特に女性は、どうしてこれが性夢なのか、と疑問を感じられるかもしれません。それは当然です。もし、現実に、露天風呂でホッとしようとしているのに、この夢のように上から見られる状況では、入浴したい女性はリラックスできませんし、腹が立つでしょう。また、夢見者が実際にこのような経験をして、しかもその腹立ちを露天風呂のあるホテルに言えなかったり、文句を言っても取り上げられず悔しい思いをしていたのなら、これは性夢ではありません。

しかし、夢見者はそのような経験をしていません。夢の主体は夢見者です。夢見者が、上から見える露天風呂の夢を作り、ホッとしたいお風呂なのにホッとできない夢を作っているのです。しかも、そのような状況にかかわらず、夢見者はお風呂に入っているのです。どうして、夢見者はこのような夢を創作したのでしょうか。夢見者の無意識は何を夢見者に伝えようとしたのでしょう。夢のメッセージは、「あなたは意識していないかもしれませんが、ホッとしたいときに無意識にしているあなたの行為が、実は、覗かれているかもしれませんよ。それは、あなたは意識していないのでしょうが、あなたの行為は性的な誘惑を含んでいますから」と言っているのです。そこにはまた、無意識的で性的な願望や露出が入っているのです。その意味で、これは女性の性夢の一つなのです。

性は男女関係のあり方を決定付ける領域にあります。だから性夢には、男女関係のあり方の本音や警告が述べられています。

◆◆◆◆◆◆◆◆◆◆◆◆◆散らかった物はすべて片づけたような何もない部屋の中。仕事に行き詰まった三〇歳代の女性が、私の両手をとって、ニコッと薄笑いを浮かべながら「地獄へ引き込まれるというのは、こういう感じなんですよ」と引っ張る。ぞっとする。

性的な夢

この夢の夢見者は、中年に差しかかった厄年の男性ですが、不思議な女性に引かれて、身動きが取れずにいる状態でした。普通ならしないような、理屈の通らないバカな行動をしてしまっているのです。『安珍清姫《あんちんきよひめ》』『女殺油地獄《おんなごろしあぶらのじごく》』には、男女の不思議な性愛が描かれています。実際にも異性との関係や事件で人生が変わったり、狂ったり、成功が訪れたりというようなことがよく起こります。夢で彼を地獄に引き込もうとしている女性は、「仕事に行き詰まった三〇歳代の女性」です。男女を問わずにそうですが、仕事に行き詰まったときは、ある意味で人生に行き詰まっているときでもあります。何かを乗り越えなければならないときに、その壁を乗り越えられない無力感を感じたとき、男も女も異性の魅力に逃げ込みたくなります。性は生に通じ、生きている実感とロマンを与えるからです。しかしそれは、男女どちらにとっても地獄になる可能性もあるのです。夢見者はこの夢によって、最後の一歩のところで止まることができました。この夢のメッセージは、夢見者と相手の女性の二人を救ったといえるのです。

女性は、性を自分の性欲というより、男性を自分に引きつけるために使うことがあります。それは、ある種の成功をもたらしますが、同時に悲劇と悲哀をもたらすこともあるのです。そのような夢を見てみましょう。

◆◆◆◆◆◆◆◆◆◆◆◆◆◆◆◆◆

私の言うことを誰もわかってくれないので、私は悲しくなる。いつの間にか眠っていたようだ。目が覚めると、私は白っぽいワンピースを着たまま寝ていた。その部屋にはガラス戸があり、外から中が見えるのだが、私は誰かが外を通りかかるのを意識しながら、わざとその戸の前で裸になり、薄紫色の花模様のロングスカートとブラウスに着替えていた。


フォン・フランツという心理療法家の言葉ですが、人間が悪魔に門戸を開く行為として「大酒を飲む、孤独を感じる、のけ者にされる」の三つがある、と述べています。初老期の独り者、婚期を逃した者、仕事に行き詰まりを感じた者、人生の展望を見失った者の多くは、酒や異性の非現実な状況に溺れ、それがさらに当人に孤独感とのけ者感を感じさせるという悪循環に陥り、ついには悪魔に門戸を開くことになります。

自分の言うことが誰にも理解されないとき、人は孤独にさいなまれ、悲しくなります。眠る以外に方法がなくなることがあります。そして、目が覚めたら人生や環境が変わっていることを夢見ます。

この夢では、夢見者は眠り、目覚めますが、実際は目覚めてもまだ夢の中です。夢の中の目覚めた世界で、夢見者は自分の魅力を人にわかってもらうために、外から見える所でわざと着替えています。おとなしい白っぽいワンピースから、人目を引く薄紫の花模様のロングスカートとブラウスに変身したのです。紫色は昔は禁色《きんじき》といわれたように高貴な色でよく目立ちます。心理学的には心の悩みを表現している色であるともいわれています。もちろん何度も述べていますように、象徴性は、個人、時、環境によって意味は変わりますが。それでも、彼女の着替えた服の色が、黒、赤、ピンク、黄色などであったら、夢見者自身の雰囲気が変わるでしょう。花模様でなく無地や幾何学模様だったり、ロングスカートでなく、ミニスカートか普通のスカート、あるいはパンツであっても、夢の雰囲気は変わります。この夢には、薄紫色の花模様のロングスカートでしか表現できないメッセージがあるのです。

夢のメッセージは、「無理解に耐えられないときは、あなたは自分の着替えを見せてまで、他人に自分のほうを向いてもらいたいところがあるのだよ。白いワンピースから、薄紫の花模様のロングスカートに着替えるのも、他人を自分に引きつける手段かもしれない。でも、あなたのふだんの姿は白のワンピースを着ている女性だよ。夢の中の夢で着替えても、あなたは違うあなたになれるのだろうか。本当に目覚めたときに、よく考えてみたらいいよ」と言っているようです。この夢は、人に見られる危険を冒してまで着替えた効果については示されていません。このようなときは、この続きの夢が（必ずしも同じような着替えの夢ではありませんが）どのような結果を示しているかに注意を払っていてください。夢分析が、通常、ある期間継続して行なわれるのは、夢の変化を通して夢見者の変化と動向を見るためです。みなさんにも夢を単一で分析するだけでなく、連続した夢の分析によって、より詳しい夢のメッセージを受け取ってもらいたいと思います。

性は生殖と結びついているのですが、人間は文明の進歩とともに、性と生殖を分離するようになりました。このことは、「神・仏」の領域であった生と死を人間がコントロールできるという思い上がりを生みました。堕胎が人間の尊厳を傷つけ、命を軽んじ、それを行なった人の精神を蝕むことが知られているにもかかわらず、命の尊さがなかなか人間の心の奥に到達しなくなっています。これは、宗教のもつ力が文明とともに衰退していったことと関係するように思われます。生命誕生の不思議さを体感させてくれた夢を、性のテーマの締めくくりとして述べてみたいと思います。

◆◆◆◆◆◆◆◆◆◆◆◆◆◆◆◆◆◆◆◆◆◆◆◆◆

ドームのような所で、私はカプセルの中にいる。命はどうして生まれるのかと考えながらドームの中をフワフワと浮いている。近くに円筒形のものがやってきたので、あれと合体すると命が生まれるのかと考えていると、白い衣を着た神様が現れる。私は「命はどうして生まれるのですか」と神様に尋ねる。すると神様は、私の体の左側に小さな部品のようなものをはめ込まれる。そして、右側から同じような部品を一つ持っていかれる。私は「命は神様がこのようにしてくださるのだ。くださるだけでなく、そのときに寿命の鍵を持っていかれるのだ」と思っ

◆◆◆ている。

この夢を一読された読者のなかには、ドームが子宮、カプセルが卵子、円筒形のものが精子をイメージしていることを直観された方もいらっしゃるかもしれません。夢見者は、カプセルに入ってフワフワとドームを漂いながら、命がどうして生まれるかを考えています。そして、円筒形のものがやって来たとき、それと合体すると命が生まれると感じています。精子と卵子が合体すると命が生まれるというこの考えは生殖の生理学です。しかし、命の受け継ぎは生理学的な現象であると同時に運命的な要素をもっているのです。たしかに精子と卵子が合体すると新しい命が生まれますが、それはあなた自身が誕生したことの必然性の説明にはなりません。

多くの人が、自分は生まれてこないほうがよかったのではないかと悩むのは、自分の生誕を生理学のレベルでしか見ていないからではないでしょうか。「命は神様がくださるのだ。寿命の鍵も神様が持っておられるのだ」との思いが体感されたとき、人は「大いなるもの」とのつながりを感じることができます。すると、自殺を思いとどまり、自分の命だけでなく他人の命をも大切にする心が生まれるのです。

夢見者は人生の後半期、老人への入口のところでこの夢を見ました。夢は「命の授与者」が誰であるかを教えてくれました。それによって、夢見者は神と大地と自然につながる自分を感じることができたのです。夢見者は自分の寿命を神仏に委ねる気持ちになりました。今は静かに老人になる心構えを築きつつあります。

性に関する夢には、性欲を夢で満たそうとするようなものも多数ありますが、性は生につながりますので、なかなか奥深いものもあります。みなさんも性夢や性的な臭いのする夢を見られたら、夢のメッセージを大切にしてください。それは、きっとみなさんの生に関するメッセージですから。

10 結婚する夢

性の夢のところで少し述べましたが、生々しいポルノのような性夢を女性はあまり見ません。見てもすぐに忘れるようです。それと相反するかのように、結婚の夢の夢見者はほとんどが女性で、男性は皆無といっていいほどありません。どうしてでしょうね。

結婚式の主役は女性です。女性の花嫁衣装にくらべると、男性のそれはお添え物のようです。最近は少し変わってきましたが、お色直しも以前はほとんど女性だけの儀式でした。地方に行きますと、花嫁側の親族が、花嫁に一生着られる数の留袖（若い柄から年寄りの柄まで）を贈り、それをすべて着るのがお色直しというところがあります。結婚披露宴で、花嫁のその後の一生をすべて儀式として演じるのです。私には、これがお色直しの元型に思えました。女性にとって、結婚が心に与える影響力は男性とは異なるのでしょう。

女性にとって結婚は一方通行（もとへ引き返せない）の門なのに対して、男性のほうはこの門を出入りできるようです。私は仕事がら仲人をお引き受けする機会がこれまでにもかなりありましたが、若い二人が挨拶に来たときには、男性に「女性にとって結婚の門は一方通行なのだよ。男性はこのことを理解しておく必要がある」と何度か話しました。男性のほうは、そんなものかと聞いていますが、それを聞いた女性が涙するのを見て、これは深い意味があるのだと、改めて感じるようです。どうして女性にとっての結婚の門は一方通行なのでしょう。もちろんこの見方は、時代と文化によって変わるのかもしれません。

日本語では、童貞と処女という言葉が使い分けられていますが、英語では童貞も処女もバージンという同じ言葉で表しています。バージンかどうかについては、女性は身体上の変化がありますが、男性にはありません。昔は多くの女性にとって、結婚がバージンでなくなる最初の機会でした。処女性を重んじていた時代には、結婚は女性にとって文字どおり一方通行の門だったのです。

カウンセラーとしての私の経験では、結婚直前になりますと、かなりの女性は不安になります。男性がどこかうきうきしているのと対照的です。近くの裏山に裸足で駆け上がった女性もいました。親しい叔母さんの家に家出した娘さんもいました。別に結婚が嫌だとか、彼が嫌いになったというのではなく、結婚への不安がそうさせるのです。けれどもこれらの娘さんたちの多くは、「命に代えても君を幸せにする」という男性の言葉と態度で安心し、無事に結婚しました。結婚生活に入るとみんな幸せになりました。

結婚願望があって結婚を承諾したのに、どうして女性は最後になって、いいしれない不安に襲われるのでしょうか。私は、女性にとって結婚の門は肉体だけでなく、心理的に一方通行だからだと思っています。

「私をあげる。すべてをあげる…」という歌がありますが、現実では、プレゼントでも子種でも男性があげていることのほうがよほど多いのです。それでは女性は何をあげるのでしょう。何人かの女性に聞いてみましたが、あげる（委ねる）のは自分の運命、自分のすべてであることのようです。現代では、意識的な面だけでとらえるとこのような女性は少なくなっているかもしれませんが、夢分析をしていますと、今でも一方通行だと、無意識のうちで感じている女性は多いようです。

では、そのような夢から紹介しましょう。

男女が、これから駆け落ちしようとしている。森の中に入り、そこで二人だけの結婚を行なって、そこから先はどうなってもいい、とにかく手に手を取って森へ逃げ込もうとしている。そこで心中することになるかもしれない。それでもいいわと女の人は思っている。森へ入る前、女の人は布団屋の店先で足を止める。そこに婚礼用の布団が掛けてあった。赤地に白い鶴が染め抜かれている。彼女はぜひともそれを持って森へ行きたいと思うが、男のほうは気が急《せ》いている。そんな布団など不必要だし、早く逃げるのが肝心だと思っている。女の人のほうは、それが欲しくてたまらない。足は布団に釘づけされたままだ。だんだん駆け落ちが成就しないような雰囲気になってくる。

女性が結婚の夢をよく見るのに、男性はほとんど見ないことはすでに述べました。これは結婚に対するイメージに男女の差があるからです。この夢にはそうした男女差がよく現れています。

この夢の夢見者はもちろん女性です。夢の主人公は、駆け落ちまでしようとするほど激しく愛し合っている男女です。二人は手に手を取って森へ逃げ込もうとしています。駆け落ちには追手がかかるのが普通ですので、二人は取るものも取りあえずただ逃げることに一生懸命なのでしょう。結婚は森の中で二人だけで行なうつもりです。ここで興味深いのは、夢見者の女性が「結婚式」とせずに「結婚」と言っているところです。たとえ二人だけであっても、結婚式は女性にとって大事な儀式です。結婚式が女性中心の考えで企画されるのも、それが男性より女性のほうに大きい意味をもつからです。主人公たちの間で行なわれるのは、結婚であって結婚式ではないのです。結婚式に対する女性の気持ちが無視されていることを夢はこの記述で暗示しています。カウンセラーは、この時点でこの男女の結婚に不吉な予感がしています。

これだけ愛し合っている男女の気持ちが、ふとしたことで壊れかけていきます。それは、婚礼用の布団を見たときで、女性はそれを森へ持っていきたいと言います。現実的に考えると嵩張《かさば》る婚礼用布団は、駆け落ちする人間には邪魔なものです。男性は現実的に考え、また気が急いているので、そのようなものにとらわれずに早く逃げたいと思っています。男性のこの考え方は合理的です。でも、女性は婚礼布団に釘づけになっています。これが普通の布団であれば、おそらく女性はこんなにも気持ちが引かれることはないでしょう。女性は婚礼に気持ちが引かれているのです。このような女性の気持ちは、現実的には不合理ですので、男性から理解されることがむずかしいのです。しかし、女性の感情は、女性の本質とどこかでつながっています。だから、このささいな出来事が「愛してやまない男性なのに、自分の心の底にある感情を理解してくれない」という感情を、女性に抱かせてしまいます。それがまた、女性の心を男性から引き離していきます。行き違いの悪循環が二人の間で起こります。このときに女性が「駆け落ちをしない」と宣言しても、たいがいの男性は女性の心に何が起こったのか理解できないでしょう。恋人同士の男女でも、結婚している男女の間にも、このような食い違いはよく起こります。結婚直前の女性に、このような男性から見ると不合理だが、女性の本質的な感情と結びついている行動が起こることは稀ではありません。ここを乗り越えて、女性の気持ちを理解できたか、理解できなくても女性の言うとおりにした男性しか、女性と結婚できないのです。成田離婚の発端もこのようなささいではあっても心の本質と結びついている感情の行き違いから起こっていることが案外多いのです。

あなたが男性で、本当に彼女のことを思うのなら、たとえどんなに現実的には不合理なことであっても、彼女の気持ちを受け入れて、そのようにしてあげることです。この夢に出てくる男性なら、大きな婚礼用の布団を抱えて森へ駆け落ちしてください。この夢見者はそのような男性を待っているのです。婚礼用の布団は一つの象徴ですが、いろいろ形を変えてあなたに迫ります。現実的でない、不合理だ、と一蹴しないで彼女の気持ちをかなえてあげてください。あなたの彼女もそのようなあなたを待っていますから。

女性にとっての結婚は、イメージとしては一方通行の門だと述べました。より直接的にそれを感じさせる夢を見てみましょう。

◆◆◆◆◆◆◆◆◆◆◆◆◆◆

結婚指輪か婚約指輪か、ともかくそういう指輪を、左手の薬指にはめる指輪としてもらう。はめてみると私の左手薬指をすべて覆ってしまう。それで、私はほかの指輪をこの指にはめることはできないし、もはやそういうことはないのだと思う。

これは、夢見者の結婚が決まったときに見た夢です。実際には、こんなに大きな婚約指輪や結婚指輪はありません。現実には存在しないものを夢で見るときは、みなさんもすでにご承知のように、それは心の状態を表しています。夢見者にとって、結婚指輪や婚約指輪の占める位置はひじょうに大きいのです。この指輪をしたら、もはやほかの指輪ははめることができないのです。ほかのというのは、すでにおわかりだと思いますが、ほかの人（男性）から贈られる指輪を意味しています。

昔の日本の花嫁衣装である白無垢は、死に装束に似ているといわれています。花嫁の父は、娘の結婚に際して、「二度とこの家には帰ってくるな」と、よく言ったものです。女性にとって結婚は、心理的には異境の地へ旅立つことを意味していました。二度と帰れない、一方通行の旅路なのです。

それを象徴するような社会の暗黙のルールがありました。それは、紅白の幕を掛けた花嫁道具をのせたトラックか霊柩車と狭い道ですれ違うとき、必ず相手の車がバックしなければならないというルールです。結婚と葬儀は一方通行、もとへ戻ってはいけないのです。

現在では、このような考え方に反発を感じる女性も多いと思います。しかしこの夢見者は昔の人ではありません。知的な専門的技術をもった高学歴の女性です。彼女も、意識的には、このような考え方を古臭いと感じているかもしれません。しかし、近代的な女性の無意識に、このような感じ方や考え方があることを知っておいてほしいのです。人間は頭で考えるようには生きていません。そうなら、人間には何の悩みもないことになります。女性にとっての結婚は、娘心や娘時代の死を意味し、女として再生することなのです。

現在では、女性のなかにも結婚のもつ一方通行性を感じない人が出てきました。なかには、娘時代そのままの結婚生活を送ろうとしている人も見られます。子育ても料理も生活費さえ自分の親がかりの人が増えています。しかしそんな母親の子どもは大変迷惑します。自分の親に頼ることができず、実質的には祖父母が親なのですから。

もう一つ、結婚と自立の夢をご紹介しましょう。

◆◆◆◆◆◆◆◆◆

実家に向かう道の入り口まで来たら、田も道も全部どろどろ。ああ、もうこれで実家に戻る道は絶たれた、と思う。私はもう娘に戻ることはありえない。

この夢は、夢見者が実家への依存を絶つ決心をしたときの夢です。自立のところですでに述べましたが、自立した男女が結婚するのでないと、どこかで子どもも性を引きずった結婚生活になってしまいます。ひと昔前までは、未婚女性には花嫁修業という女性特有の修業が課せられていました。このことは、女性にとってはある種の制約でしたが、少なくとも身辺自立ができてから結婚することになっていました。身辺未自立の母親が、子育てをしてもうまくいくことはあまりないでしょう。むろんこれは女性の問題だけではありません。ひと昔前までは、男性も生活手段を稼ぐ修業が科せられて、経済的・社会的自立ができからて結婚が許されたのです。現在でも経済的に自立していない男性の結婚は、みじめなことになる可能性が多いのです。これは現在の大きな社会問題の一つです。

『シンデレラ・コンプレックス』(コレット・ダウリング著)という本がベストセラーになったことがありました。女性のコンプレックスの一つに依存性がありますが、それをシンデレラ・コンプレックスと名づけています。結婚願望は女性のシンデレラ・コンプレックスの一つだといわれています。男性は性欲はあっても、女性のようないわゆる結婚願望はあまりありません。これに対し女性は、好きな男性に「結婚しよう」と言わせることに、多大な神経を使っています。これが、性夢が男性に多く、結婚の夢が女性に多い理由の一つでしょう。女性は結婚式それ自体に夢があります。男性から見ると結婚より結婚式に夢があるように思えることさえあります。

そのような夢の典型をご紹介しましょう。

❖純白のウエディングドレスを着た女性がいる。頭には白いベールを被っている。白いベールは、

花嫁がつけるような感じのものではなく、マリア様が被っているようなものである。縁には透かし編みが施してあり、シンプルななかにも上品さと華やかさがあった。

◆◆◆◆◆◆◆◆◆◆◆◆◆◆◆◆◆◆◆◆◆◆◆◆◆◆◆◆◆◆

カトリックでは、修道女はキリストと結婚し、結婚指輪をします。永遠の処女の花嫁です。修道女の結婚式は、純白のウエディングドレスを着て、普通の人の結婚式と同じように、司祭によって式が執り行なわれます。この夢にも処女の花嫁のイメージ「マリア様」が登場します。その一方、シンプルで上品でしかも華やかな結婚衣装をつけた姿をしています。それはお姫様のイメージです。女の子の夢の中にはお姫様になりたいというのがあります。実際にお姫様になれるのが結婚式なのかもしれません。小さな女の子は結婚に夢をもっていますが、正確にいえば、結婚式に夢をもっているのです。

このようなお姫様願望は、女性の結婚の夢によく出てきます。紹介しましょう。

◆◆◆◆◆◆◆◆◆◆◆◆◆◆◆◆◆◆◆◆◆◆◆◆◆◆◆◆◆◆

お寺の本堂。あたりは暗く、ところどころ、わずかに灯明の光のような明るさがある。神秘的な雰囲気である。私をふくめて、何人かの人がそこに座っている。と、奥のほうから、行列を従えて「アラビアの男性」がやって来る。その男性は王子様か、王様か、高貴な身分の人らしかった。行列の人が掲げている灯で、端正に引き締まった顔と、薄青い目が印象的に見える。今日は、そのアラビア人の結婚式を行なうらしい。と、その人は、どういうわけか私に、一段高くなった祭壇の前の、舞台のような所に置かれた座布団に座るように言う。私が言われるままそこに座ると、その人は、私に向き合って置いてある座布団に座る。これが結婚の儀式なのだった。とすると、花嫁は私なのだ。

◆◆◆◆◆◆◆◆◆◆◆◆◆

この夢の興味深い点は、お寺の本堂に行列を引き連れたアラビアの王子様が現れることです。お寺の本堂は、お寺の関係者は別にして、日本人の感覚からすると結婚式というよりお葬式の感じです。結婚には「娘の死と女としての再生」という意味の二重性がありますが、それよりもさらに神秘的な雰囲気をこの夢は要求したのでしょう。王子様が現れるには、日常から遠く離れた神秘性が必要ですから。

夢見者はまさか自分が花嫁であると思っていません。女性のなかには、王子様の花嫁に憧れる人がいますが、とても王子様のお相手が務まる自分だとは思えない人も多いのです。これが、シンデレラ・コンプレックスの正体の一つです。どなたもご存じのように、シンデレラは見すぼらしい女の子です。魔法使いによって夢を与えられましたが、シンデレラ自身は、王子様のお妃になれるような自分ではないと思っていました。姉たちのほうが、王子様の妃としてふさわしいと思っているのです。しかし、王子様が指名してくれたのは自分です。こんなに嬉しいことはないではありませんか。

ところで、女性の方々は、シンデレラや白雪姫、そのほか多くのお姫様物語に対して疑問をいだかれたことがありませんか。シンデレラも白雪姫も自分では何もしていません。魔法使いや小人や王子様が積極的になってくれているだけで、自分自身はそれに身を任せ、運命を委ねているだけです。シンデレラや白雪姫のどこに女性の自立性があるのでしょう。それでも、多くの女の子たちにこれらの物語は読み継がれてきました。そして多くの女の子に夢を与えています。

ここで少し夢から離れますが、女性の結婚と依存と自立の問題を考えたいと思います。

女性の依存性を温存し、社会や男性に隷属させようという意図が、政治的にないわけではありません。しかし、それだけでは、女性の依存性を保持することはできないと思います。人間は、短期的にはともかく長期的にはみずから望み、みずからの存在を維持する以外のことで相手を支配できないからです。暴力的な支配であればあるほど支配は短命に終わります。依存性は、実は巧妙な支配性です。私は別のところで「説教されることのうま味」について書いたことがあります。長期的展望をもって、相手に自分の言うことを聞かせようとするならば、相手に説教するより、説教されるほうが賢明な手段なのです。説教されたほうは、心理的にはそれを聞かなくても済むのですが、説教した側はその内容を自分も守らないといけないからです。門限を決めたら、決めたほうも守らなくてはなりません。決められたほうは、罰さえ覚悟すれば守らなくてもいいのです。門限を決めたほうが門限の時間にそこにいなかったら、誰もそれを守らなくなるからです。

さらに説教された人がその内容に素直に従うと、説教したほうはいっそうその内容を守る必要が出てきます。そうでないと、説教したほうは自己矛盾に陥るからです。このように書きますと、自分の上司は、説教はするが自分ではそれを守らない、と反発を感じられる方があるかもしれません。しかし、よく状況を観察すればわかりますが、このような上司のもとでは、部下の大半は実質的にはそれを守っていないことがわかります。まず上司の説教に従って、それを上司が見るようにしむけてごらんなさい。上司がそれを見ようとすれば、あるいは、見たら、彼は自分の言ったことを守らなければならなくなります。そうでないと誰も自分の言うことを聞かなくなりますので。

女大学に「幼きにしては親に従い、嫁しては夫に従い、老いては子に従え」と書いてあります。これをそのまま読むと、なんと女性の自立を認めず、隷属を要求するものだ、と思われるでしょう。それはそのとおりで、現在ではこのような考えは通用しません。しかし、ここに女性、あるいは女性だけでなくすべてのフォロアーの知恵があるように思います。積極的にいうなら、これを逆手にとって、相手を支配できるのです。

説教でもそうですが、素直に従われると、従わせた相手は自分の論理に縛られます。女性がしばしば「山の神」と言われるのも、女性は依存性の知恵をうまく使っているからです。女性自身はあまり気づいていないようですが、男性から見ると「女性は得だなあ」と思うことがたくさんあります。女性は失敗したとき素直に謝りさえすればたいていは許されますが、男性は疑われます。ためしに、改札口で切符をなくしたと言ってごらんなさい。出札係の人の態度が、男女で異なることはすぐにわかります。

もちろん、なにごとにも二ついいことはありません。自立には依存性からの脱却が必要です。そうしないと、男性社会では取り残されます。男性社会で男性が依存的であれば、彼は同僚の男性からも女性からも侮蔑のまなざしを向けられるのは必至です。男性には、社会的な場で依存することは許されません。働き盛りの人の自殺が、圧倒的に男性に多いのもこれの間接的な証拠でしょう。自殺は再生への願望を含んでいるのです。

女性にとっての結婚は、依存の知恵と自立の自由を、うまく使い分けることだと思っています。なかなかむずかしいことですけれど。

11 親子・夫婦・家族の夢

人間は集団で生活する動物です。その基盤が親子関係であり、家族関係ですので、安心・不安・成長・依存・安定・葛藤・信頼・不信・愛・嫉妬など、もろもろの心の状態の礎《いしずえ》がここにあります。だから家族関係や親子関係の夢は、夢見る頻度が多いテーマなのです。第一部で取り上げた「妻子が腐る夢」や「少し込み入った夢」も家族関係の夢でしたね。

家族関係は構成員の年齢によって変化します。子どもが幼児のとき親は若く、どのような家族を作っていくかを、けんめいに模索しています。子どもの思春期は、親の中年期とほぼ一致しますし、それはまた、母親の思秋期にもあたります。子どもの巣立ちは、親の中年期の終わり、老年期の始まりであり、子どもの中年期は親の介護の始まりです。このようなサイクルをくり返して人間は世代を交代していくのです。その節目節目には、家族の危機と発展があります。危機と発展は裏表の関係にあります。危機を乗り越えるとそこには発展・成長した家族や家族成員の姿が見えてきます。

近年日本では家族の問題が増えました。それは、家族中心から個人中心へ、日本人の心がシフトしてきたからです。子育てより自分の生活を優先した親が出てきて、「子どものために辛抱する」とか「子はかすがい」という意識が薄れてきました。DINKS（夫婦で働いて、子どもは持たない）という夫婦も増えました。それよりなにより、結婚しない人が増えてきました。

親子関係や家族関係の夢は、自立の夢のときにも取り上げました。自立する対象が親である場合の夢でした。ここでは、それよりもっと基本的な親子関係、家族関係を表す夢を取り上げたいと思います。

親子や家族は、基本的に愛し合う関係にありますので、逆にその憎しみの度合いも大きくなります。子育て期が長い動物である人間は、母は母親であり女である。父は父親であり男であるという必要があります。しかし、子どもから見ると、母親と女、父親と男は、対立する概念です。子どもにとっては父と母は絶対に必要な存在ですが、父の中のおとこ性や母の中のおんな性は、ともすれば深い葛藤の要因になります。ですから親の側は、そうした対立する要素をどのように統合するかを考えて、家庭生活を送らなければならないのです。

この親子・男女の葛藤を無意識への抑圧の最大要因ととらえたのがフロイトです。フロイトは、父―息子の葛藤をエディプス・コンプレックス（息子が父を排斥して母を恋するコンプレックスで、ギリシア伝説の『エディプス王の悲劇』から名づけられた）母―娘の葛藤をエレクトラ・コンプレックス（娘が母を排斥し父に恋するコンプレックスで、これもギリシア神話から名づけられている）として、神経症を引き起こす抑圧の第一要因としたのです。

フロイトとは別の観点から分析心理学を創始したユングは、母親の二面性、育てはぐくむ面と自分の手元を離れることを許さず呑み込む面の二面性があることを強調しました。この考えは、東洋人には、幼い子を食べる鬼子母と、一転して慈愛に満ちた善神となった鬼子母神の関係として知られているものと類似しているようです。いずれにしても、そうした関係が葛藤として現れたときはすさまじいものになります。

無意識の葛藤は夢のおもなテーマですので、エディプス・コンプレックス（最近では、父息子の葛藤も、母娘の葛藤もひっくるめてエディプス・コンプレックスといっています）は夢によく登場してきます。かなりすさまじいものが多いのですが、そうした夢を見ていきましょう。

◆◆◆◆◆◆◆◆◆◆◆◆◆◆◆◆◆◆◆◆◆◆◆◆◆◆◆◆◆

どこか田舎の道を、女の子が何かに追いかけられて走ってくる。走って走って、やっと家にたどり着き、土間に駆け込むが、追いかけてきた何かは、もう戸口まで追いついている。女の子の叫び声で母親が飛び出してきて、娘をかばって立ちはだかる。追いかけてきた何かは、そのとき、上のほうに二つの目が光った大きな黒い影のようになっていた。母親がどうにかしてその影入道をやっつけてくれたので、娘はホッとする。……ところが、実はその母親が影入道だったのだ。

◆◆◆◆◆◆◆◆◆◆◆◆◆◆◆◆◆◆◆◆◆◆◆◆◆◆◆◆◆

一人の男とその父親がいる。父親は先に毒の付いた刀で息子を傷つけた。するとどこからか、父親を狙う敵が、父親の背後に現れる。息子は傷によろめきながら、その敵をやっつけようとして、長く太い鞭を振り下ろす。ところがその鞭は父親に当たってしまい、鞭の先には毒が付いていたので、父親は倒れて死んでしまう。父親は、息子が自分を殺したと思い込んで死んだ。息子は、あまりのなりゆきに呆然としている。

◆◆◆◆◆◆◆◆◆◆◆◆◆◆

この二つの夢をお読みになった読者は、どのように感じられましたか。なんともすさまじく、恐ろしいでしょう。夢見者は夢だから目覚めたあとはホッとしますが、夢を見ている間は、本当のこととしてこれを体験しています。このような夢を見た夢見者は、例外なく叫び声をあげて目覚めています。

最初の女の子の夢は、ユングが言う「否定的な母親」の夢です。女の子は影入道という恐ろしい魔物に追いかけられ、やっと家にたどり着きます。そこで母に助けを求め、母は影入道をやっつけてくれます。娘はホッとしますが、実は母親が影入道だったのです。多くの場合、母親は娘の危機を救う人なのですが、ときには娘の危機を引き起こす張本人でもあります。現実の世界でも、「影入道の母親」につかまっている娘さんというのは、当人が気づいていない場合まで含めますと、けっこう多いのです。影入道も超大物から小物までいるようですが。そして、母親が影入道だとうすうすわかっていても、娘はそこからなかなか逃げ出せないものです。読者が女性なら、どこかでこの夢見者に共感を覚えられるところがあると思います。

しかしこの夢は、男性読者には、わかりにくいかもしれません。男性が、影入道の母親につかまるのは、マザコンと呼ばれる男性のケースです。マザコンは他人から見るとよくわかるのですが、本人は気づいていないことが多いのです。他人から見るとゾッとしたり、変な気分を抱かせるような状況なのですが、母と息子にとっては心地のよいものだからです。しかし、女性と影入道の母親との関係は、もっと恐ろしいものです。それは、心地よいというより、ヘビに呑み込まれた蛙のように、逃げ出せない関係なのです。

夢見者は二〇歳代の女性で、彼女の母娘関係はこの夢のようなものでした。夢見者はいろいろな神経症の症状をもっていました。夢分析によって、この夢見者が症状から回復し、十数年たったのちに、今度は母親が夢見者と同じ神経症状を発症しました。夢見者は、そのとき「私の病は実は母の病だった」と気づいたのです。引きこもりや自立できない子どものなかには、こうした影入道にやられている子がいることを、どこかで心しておいてください。そのうえで、自分の夢のメッセージを夢見者は受け取るようにしてください。

自分はこんな夢は見たことがないと思われた人も多いと思います。その人たちのお母さんは、影入道の要素が少ないのかもしれません。もし、そうであったら、その人たちは母親から自立できており、母親に優しくしてあげられる人です。親から真に自立した人は、親に親切です。しかも親にいくら親切にしても、配偶者や子どもたちから、それに関して文句を言われたり、嫉妬されたりすることはありません。親に優しくして、配偶者や子どもたちから揶揄されたり、嫉妬されたりするのは、当人が自分の家族より親のほうに心理的に密着しているからです。これは自分では気づいていないのですが、影入道にやられている状態です。

親孝行は人間だけがもつ徳目です。動物は子どもも孝行をしても、親孝行はしません。動物の場合、子どもが死ぬと、親はその悲しみからわが子を悼みますが、親に死なれた子どもは、死体が親だという認識をすぐに失うといわれています。

だいたい徳目とされていることは、実行するのがむずかしいことです。親孝行がむずかしいのは、親からの自立が基盤になっているからです。自立せずに親孝行に走りますと、自分自身の家族がダメになる可能性があります。孫による祖父殺し、祖母殺しのなかには、自立していない親がわが子より自分の親の言い分に従っていたことが遠因である場合が多いようです。

一方、あとの男の子の夢もすさまじいですね。夢見者の父親は、毒を塗った刀で子どもを傷つけます。あまりにもすさまじい父親に対して、夢見者は夢に父親の敵を登場させます。父親の敵は夢見者にとっては味方です。しかし、息子は父親に殺されそうになりながらも、父親を救おうとします。ところが息子の鞭にも毒が塗ってあり、それが誤って当たったために、父親は息子を恨みながら死んでいきます。

夢の主体者は夢見者です。夢見者は、父息子の戦いに、毒を仕込んだ武器を登場させたのです。

親子関係における父親の機能は、切断にあるといわれています。切断というのは、決断と同じ意味をもっています。迷いは、どちらも捨てがたい二つ以上のものから、どれか一つを選べないときに生じます。決断はその内のいくつかを切り捨てて、選ぶ行為です。この夢の中で、父親が息子を鍛えるために用いるのは、まさにその切断の武器である刀です。夢見者の父親は、さらにそこに毒を塗っていました。かなり念入りな父親のようですね。

切断の傷つきを体験して、息子は大人になっていきます。昔の男子の成人式では、男の子は身体に傷を受けるような儀式を体験させられていました。痛みがわかるのが大人だからです。

息子は父親を気遣いながらも、父親を死にいたらしめます。まさに父親殺しの夢です。こうして父親を乗り越えてこそ、男の子は一人前の男になれるのです。その意味で、この夢は男の子が成人の過程で見る夢の典型ですが、普通はここまで激しくはありません。この夢見者が父親から自立するためには、毒のある刀を父親に持たせ、自分を傷つけさせ、そこまでする父親だから殺してもよい、との思いを夢で得たかったのです。彼が父親を乗り越えるのは、まだ少し無理があるようですね。今父親との自立のための戦いを始めると、これだけ悲惨な状況が予想できるという夢のメッセージなのでしょう。カウンセラーは、夢見者がもう少し男性としての成熟を待ったほうがよいし、男としての力をつけてからでも遅くないと判断しました。

これら二つの夢は、子どもの側から親を見た夢ですが、今度は思春期を迎えた息子を父親から見た夢を紹介しましょう。

◆◆◆◆◆◆◆◆三本の道があった。真ん中の道は明るい道で、私と妻と娘の三人がその道を通っていた。右の道は暗い道で息子が歩いていた。

この夢を一読された読者のなかには、ヘッセの『デミアン』を思い出された方がおられるかもしれません。『デミアン』は、思春期の少年の心が見事に描きだされたことで有名な小説です。ヘッセが四〇歳のときに書いた小説だといわれています。もしヘッセが主人公と同じ思春期真っ只中では、この小説は書けなかったでしょう。「青春時代はあとからしみじみ思うもの」という歌がありますが、なにごともその時点では現実への対処で精一杯で、それが心にしみ込みじっくり味わうには時間がかかるのでしょう。

この夢も思春期の子どもをもつ中年の父親のものです。『デミアン』は、温かい家族団欒《だんらん》になぜか違和感を感じる、主人公シンクレールの思いから始まります。自分ではどうしようもない感情をもてあまして孤独になっていたときに、彼は級友デミアンに出会います。思春期はどのような友だちを得るかによって明暗が分かれます。親にはどうしてやることもできないような課題が、思春期の子どもにはあるのです。親ができることは、そのような子どもの気持ちをどこかで知っていて、理解していてやることだけです。

この夢では『デミアン』のように、父親と妻と娘は、明るい真ん中の道を通っていますが、息子だけがただ一人暗い右側の道を歩いています。このとき、息子に明るいこちら側の道へ来るように言っても、彼は来ないでしょう。家族といっしょだと、思春期の課題である「アイデンティティの確立」が果たせないからです。だから、父親は息子の行く道を見守っているしか仕方がないのです。思春期は「疾風怒濤時代」といわれるように、少しは変なことをしなくてはならない時代です。もう子どもでないと自分や社会にアピールしなければならず、暴走行為もある程度は必要なのです。あまりにも暴走すると、人生を危うくするのですが。

人生を危うくするほど暴走するか、ある程度で止まるかは、親の理解と関係します。先にも述べましたが、親は直接何かをしてやることはできません。ただ、理解し、見守ってやることが大事なのです。子どもがどこかで、親や家族とつながっているという思いをもてることが必要です。それがないと、糸の切れたタコのように、道からはずれて飛んでいってしまいます。夢見者は夢で、息子の心境を知りました。暗い道を歩いていかねばならない息子の辛さがわかりました。これで、息子は助かるでしょう。思春期の課題が辛くても、父親がどこかで理解してくれていると感じられるからです。

この夢には、もう一つメッセージがあります。それは、道が三本あることです。いちばん左側の道が空いています。息子を除いた家族は真ん中の道を歩いていますが、あまりに明るいと、息子の暗い道との乖離が広がります。もちろん、家族全員が息子と同じように、右側の暗い道を行くのがよいというのではありません。妻と娘といっしょのときは、父親もいっしょに明るい道を行けばいいのです。しかし、父親が息子の暗い道の辛さをより理解しようと思うならば、父親が一人のときに行くべき道は、左側の道でしょう。左側の道については、夢は何も言っていませんが、夢分析の一般的な意味では、無意識の領域を表すことが多いのです。息子は思春期真っ盛りで、現実の暗い道を行っています。このとき、父親のほうは、「清濁併せ飲む」ような、無意識や影の思いを取り入れた、より大きな父親になる必要があるのです。

この夢見者は、現実世界で一つの転機を迎えていました。会社の存続のために孤軍奮闘リストラの指揮をしてきたのですが、それが終わりに近づいたとき、今度は自分の将来を考えなければならない立場へ追い込まれていました。そのまま会社に残ることもできたのですが、リストラした部下のことを考えると、自分だけが会社にいることがどうしてもできませんでした。自分だけが真ん中の明るい道を行くことができなかったといってもよいでしょう。夢見者は自営の道を選びましたが、そのためには、会社勤めのときよりも、いっそう対人関係のもち方や人格の柔軟性が要求されます。息子の思春期は、父親にとっても試練のときとなったのです。家族にはこのように問題や課題が同調する傾向があります。

次にすさまじい夫婦関係が現れている夢を見てみましょう。

◆◆◆◆◆◆◆◆◆◆◆◆◆

雨の降るのを待っている。しかし、雨ではなくて、赤い熱い雪が降りだす。真っ赤な空の中を、熱い白い雪と熱い赤い雪が降り注ぐ。大変なことになった。もう雨を待つことはできない。こんな嫌なものが降るのだから。

夢見者は中年の男性です。彼は長年の妻との葛藤の多い生活に疲れはてていました。それでも、若いときには苦境を支えてくれた妻なので、できれば慈雨の降るのを待っていたのです。「雨降って地固まる」というように。しかし、実際に降ってきたのは赤い雪でした。「血の雨が降る」という表現がありますが、夢見者の場合は、「血が凍った雨（雪）」が降ってきたのです。彼は慈雨を待つことがもはやできなくなりました。彼の願いに反して、彼の力を超えたものが降ってきたのです。夢見者は妻と別れたくなりました。だいたい、そういうときには、魅力的な女性が現れるものです。そして、このようなときに現れる女性というのは、本人には魅力的なのですが、客観的に見ますと、妖婦のような人が多いものです。でも、妖婦は、混乱した状況にある男性にとっては、ニンフ（妖精）なのです。魅力があって、現実を忘れさせてくれるような人です。夢見者は、彼女といっしょになりたいという思いで一杯になりました。

このような状況になりますと、彼の妻も黙ってはいません。雪のように、エネルギーを押し込めた冷たい感情の持ち主だと思っていた妻が、突然、熱い白い雪になりました。ニンフの彼女は離婚して自分と結婚してくれと言い、妻のほうは絶対に別れないと、底の感情は冷たいものでしたが、内部は冷たく表面は熱い、白い雪となって、夢見者を苦しめました。このような状況に置かれて数年たったとき、夢見者は、再度、妻のよさに気づいたのです。おさまらないのは妖婦のほうです。かつて、あれほど魅力的だったニンフは、今やすさまじい妖怪に変化しました。彼のすべてを奪い取ろうとしたのです。その結果、彼は社会的な地位を失い、多大な経済的損失をこうむりました。しかし、それによって、彼は自分の姿を知りました。この間、彼の妻は若いころと同じように献身的でした。そして彼らは、中年の危機を乗り越え、その後は一段と穏やかな夫婦になったのです。

夢分析のとき、カウンセラーはこの夢の重大な意味に気づいていました。何度か夢見者に彼のなすべき課題を告げましたが、夢見者にはなかなかそれが厳しいものだったのでしょう、心の中まで浸透していきませんでした。そのときの夢見者は、自分の夢がくれたメッセージより、妻との葛藤から逃げたい思いと、ニンフの魅力に圧倒されていたのです。

夢のメッセージを無視した夢見者は、深刻な場面にさらされ、多くのものを失いました。しかし、それによって得たものも多いのです。

重い夫婦関係の夢を述べましたので、最後にほのぼのとした夫婦の変化を感じさせる夢を二つ紹介しておきましょう。前者は中年期の女性の夢で、後者は中年期の終わりから初老期に入りかけた男性の夢です。

◆◆◆◆◆◆◆◆◆◆◆◆◆

どこか遠くの旅先だったようだ。私はバスに乗る。バスが動きだしてから見ると、主人が後ろから走ってくるのが見えた。主人はずっとバスを追いかけて走り、駅で列車に乗るときには、同じ列車に乗ることができた。

結婚は男と女の長い旅路です。二人がいっしょになるときは、ずっと同じ道を歩もうと思っているのですが、いざ結婚生活が始まってみると、すれ違いがあったり、異なるバスや列車に乗っていることが多いものです。夢見者は、結婚生活が十数年になった中年の女性です。かなり遠くまで二人は結婚生活の旅をしてきたのですが、ふと気づくと夫は自分と同じバスに乗っていませんでした。自分一人だけさっさとバスに乗っていたのです。夢見者はこのことに今まで気づいていなかったのです。それに気づいたとき、ありがたいことに夫は、自分の乗ったバスのあとを走って追いかけてくれました。二人はやっと同じ列車に乗れました。これからの結婚生活は、また、二人三脚の旅になるでしょう。

夢見者が一人でバスに乗っていると気づいたのは、夢の中です。夫が自分のバスを追いかけてくれているのに気づいたのも夢の中です。夢見者は夢によってこのことを告げられたのです。夢で気づかなかったら、彼女の一人旅は、まだまだ続いたことでしょう。いくら気長で体力・気力のある夫でも、それでは走り疲れて、彼女のバスを追いかけるのを止めてしまうのではないでしょうか。夫が別のバスに乗り換えたら、普通それは浮気や不倫、ときとして失踪や家出として現れたりしますが、そうなってからでは手遅れです。「バス（車）を乗り換える」とは、別の女性に乗り換えることにつながりますからね。

中年の結婚の危機が、夢のメッセージによって、くい止められたのです。

◆◆◆◆◆◆◆◆◆◆◆◆◆

デパートで着物の大バーゲンがあった。淡いピンクとブルーの小紋で、どれも三九八〇〇円だった。私は家内に買ってやりたかった。私は今まで家内に着物一枚も買ってやったことがない。高いものなら数百万円もするというのに、三九八〇〇円の着物ではどうかなと思った。

夢見者は五〇代はじめの男性で、これまで仕事一途でやってきた人です。このまま忙しく仕事を続けていくと、自分の人生は何だったのか、と後悔するのではないかと思っていました。不況で会社が退職希望者を募っていたのを機会に、自分で特技を生かして小さい仕事をしようと決心し、思い切って退職しました。自分の企画した仕事が少しずつ軌道に乗ってきて、経済的にも少し安定してきたときに見た夢です。

男性も女性も人生に余裕があるといいですね。夢見者はこの夢のあと、実際にはじめて妻に着物を買ってあげたそうです。三九八〇〇円よりは、だいぶ高かったそうですが。中年期の終わり、初老期の始まりは、子どもの独立や定年が視野に入ってきます。今までの人生を振り返り、配偶者と二人の人生をどうしていくかが課題になります。四〇代後半から五〇代のはじめにかけて、この課題を視野に入れておく必要があります。

夢は課題の解決方法まで、夢見者に教えてくれています。

12 死の夢

死の夢は、誰が死ぬかによって意味が異なります。何度もくり返しますが、夢の主体は夢見者ですので、死んだ人と夢見者の関係が、夢分析にとって大切です。また、夢で死んだ人が、実際に死んだ人なのか、それとも現在も生きている人なのか、死を迎えつつある人なのかによっても、意味は異なります。また、死の夢では「生死と未来は神・仏の領域」というように、宗教的な雰囲気やこの世とは雰囲気の異なるものが出てくることがあります。宗教的には、死はあの世への旅立ちであり、異次元での再生です。しかし、夢の中での死は、現実の世界での精神や心の再生を意味することも多いのです。なにごとも古いものが壊されなければ、新しいものは生まれません。

死は恐怖の対象でもあります。死ぬのは誰でも怖いもので、特に身近な人の死は、受け入れがたいものです。心に受け入れがたいものや人生の大変化（誕生、結婚、死など）のときは、人間はそれを受け入れるために儀式をします。これを「通過儀礼」と呼んでいます。心にショックが大きい出来事ほど、通過儀礼は念入りに行なわれます。たとえば死の儀式は、お通夜に始まり、本葬、初七日、ふた七日、み七日、……満中陰《まんちゅういん》、一周忌、七回忌、一三回忌と五〇回忌まであります。五〇回忌で通過儀礼が終わりなのは、ある人の死後五〇年たつと、昔なら関係者はほとんど死んでいたからです。さらにお盆のような死者の魂を迎える儀式も、多くの文化に残されています。

心にかかることが多いほど、人間はそれを夢に見ます。夢はあなたの心や魂からあなたへのメッセージなのですから。

それでは、なかなか心に受け入れることのできない、身内の人の死の夢から見てみましょう。

死の夢

妹が死んだ。たしか一五年前に死んだはずなのに。実は一五年前、表向きは死んだことにして、お葬式もしたのだが、本当は寝たきりの植物人間のような状態で、今までひそかに人目を避けて生きていたのだった。そして、ついに死んだのだ。妹のお骨を、みんなで少しずつ分けて持った。骨は軽く、温かかった。私は、ああそうだ、こうしてこそ心の中にちゃんと納まるのだわ、お葬式はそのためにあるのだ、と深く思っている。

夢見者の妹さんは、一五年前、夢見者が中学生のころに急性の心臓発作で急死されました。夢見者は親の悲しみを見るにつけ、自分は妹の分まで生きなければならないと思ったそうです。そのころから、自分自身の性格に加えて、自分とは反対の性格だった妹の性格を、ときには演じてきました。彼女本人の性格は、落ちついた、ゆったりとした性格です。ものごとを深く考えるあまり、決断が遅く、対人関係が苦手といった面があります。一方、妹さんのほうは、ものごとをハッキリ言い、決断も早く、明るく、友だちの多い快活なものでした。

妹の分まで生きようと思う夢見者の決意にもかかわらず、対人関係でショックなことがあると、どうしても自分の性格が出てきてしまいます。それをあえて抑えて、無理に妹のようにふるまうと、不思議なことに妹の死因となった心臓発作が起こるのです。しかし、夢見者の心臓発作は心電図を取っても悪いところはない、心因性（心の原因で起こる）のものでした。

この夢は夢見者が、自分には自分の生き方がある、妹の分まで生きようとすると自分を殺さなければならないし、誰もそのようなことを喜んではくれない。だいたいそのような生き方には無理がある、と考えはじめたときのものです。夢見者は一五年間、妹が死んでいるにもかかわらず自分の心の中に、植物人間のように生かしておいたのです。そして、一五年たって、やっと妹の死を心から認めることができたのです。妹の骨は妹自身のものとして、温かく夢見者の心の中に納まりました。夢見者は本当の意味のお葬式を夢で行なったのです。

夢見者の心臓発作はまもなく納まり、以後、再発することはありません。

次に、もう少し短い期間で心の儀式をすませた夢を紹介しましょう。

◆◆◆◆◆◆◆◆ 自宅の玄関のチャイムが鳴ったか、または人の気配を感じたので、私は外へ出る。そこには祖母がいた。

夢見者のお祖母さんは、数カ月前に亡くなっておられます。この夢は、お祖母さんの納骨の日の朝に見たものでした。お祖母さんが最後の挨拶に夢見者の所へ来られたのです。夢見者はお祖母さん子でしたので、墓の前でお別れをするよりも、お祖母さんのほうから別れを言いに来られたのです。自分から別れの挨拶をするより、死者のほうが挨拶に来られるほうが、本当の意味で心に納まるからです。

次にお迎えの夢と呼ばれる夢を見てみましょう。

◆◆◆◆◆◆◆◆◆◆◆◆◆◆◆◆◆◆◆◆◆

大叔父の前に祖母が着物姿で座っているのが見える。全体が青白いのだが、こっちを向いて私としゃべっている。手を伸ばせば触れられるし、実感がある。祖母は私のことを「先生」と呼ぶので、私が「先生と違うだろ」と言うと、「うん、○坊や」と応える。私がまばたきした瞬間に二人の姿が消える。じわっと涙が出て、目が覚める。

「戦地にいる息子が帰ってきた。よく帰ってきたね、と言ったら、笑って去っていった」というような内容の夢を、太平洋戦争のときに戦地へ息子や夫を送っていた、多くの両親や妻が見たという報告があります。そして、これらの夢の直後に戦死公報が現実に来ることが多かったのです。

因果律で考える近代科学では、魂の存在は証明されませんが、これだけ多くの人間が宗教を信じ、死者の魂と触れ合った経験をしていることは、心理学的には無視できないものがあります。心や魂は存在を証明しなければならないようなものではなく、それに「触れるか、遠ざけるか」が問題となるような存在なのではないでしょうか。魂の存在を否定し、それに触れることを拒否している人の人生は、想像したしただけで寒々しているように感じられませんか。魂を物に代えて、それで金儲けをしているような詐欺商法やエセ宗教家は別にしても。夢に戻りましょう。

　大叔父は祖母の兄にあたる人で、一〇年前に亡くなっています。祖母は年のせいもあり、最近は病気がちで、軽い痴呆も始まり、もうそんなに長くないとの予感が家族にあったときの夢です。夢見者は父親を早くに亡くし、大叔父が夢見者の成人まで一家の経済的な面倒を見ていました。現在夢見者は母と祖母といっしょに暮らしています。

　大叔父の前に祖母が座っています。青白い光は、死の国の光です。大叔父はすでに亡くなっていますので、夢の状況は、大叔父が祖母を迎えに来られたことを表しています。大叔父が亡くなって以後、一家の経済は夢見者によって支えられています。夢見者は中年にさしかかった男性で、「先生」と呼ばれるような職業をしています。祖母が孫の夢見者のことを「先生」と呼んでいます。夢見者が「先生」と呼ばれるようになったことを喜んで、冥土への旅の土産としているのかどうかはさだかではありませんが、立派に一人前になった孫を誇らしく思っています。夢見者が呼び名を訂正すると、祖母は一転してそれを夢見者の子ども時代のものに変えます。どれだけ立派になったとしても、孫は孫です。そして、夢見者がまばたきした瞬間に、二人の姿が消えてしまいます。夢見者は夢の中でもこの意味がわかっています。二人は黄泉の国へ旅立ったのです。実際に、このあとすぐに夢見者の祖母は亡くなられました。

死の夢のメッセージは冒頭にも述べましたように、いろいろな意味があります。少し方向を変えて、まず、思春期の死の夢の典型の一つを見てみましょう。

◆◆◆◆◆◆◆◆ 私は死んだようだ。私のお葬式が行なわれている。私はそれを見ている。誰がお参りしてくれるか、誰が泣いてくれるか、と見ている。母は泣いていなかった。

これは思春期の少女の夢です。思春期は子どもから大人になる時期です。つまり、自分の性を受け入れ、男性は男としての、女性は女としての大人になる（大人としての自己をもつ、アイデンティティをもつ）ための過渡期です。そのためには、思春期には誰でも、自分の子ども性や親への依存性を一部なりとも捨てる必要があります。それは、自分の子ども性の死を意味し、大人としての再生をはかることなのです。そのような心理から、思春期の子どもたちは、自分の死の夢をよく見るのです。

夢見者は、自分のお葬式を自分で観察しています。社会的動物である人間は、当人がいないときほど、あるいは死んだあとほど、その人の社会的・一般的評価が適正に行なわれるものです。思春期は、人の評価が気になる年ごろです。自分のことを友だちがどのように見ているか、親戚や兄弟はどうかなど気になって仕方がありません。お葬式は先ほど述べたように、そうした評価を知る絶好の機会です。

この夢見者にとっての最大の衝撃は、もちろん「母は泣いていなかった」です。カウンセラーは夢見者に聞きました。

「本当にあなたが死んだときにも、あなたのお母さんは泣かれませんか」

「そんなことはないと思います。母はきっと狂うほど泣き叫ぶと思います」

「そうでしょうね。夢はあなたからあなたへのメッセージなのですから、『今や、あなたが自立しても、もうお母さんは泣かないよ』というメッセージなのではないですか」

「ああ、わかりました。母は、『このごろ自分のことは自分でしなさい。女の子でしょ』と、うるさいほど言います。でも、私が自分でしていると、『お母さんがしてあげるのに』と反対のことを言うのです。それでよくもめます」

「夢は、自分のことは、自分のペースでしていけばいいと、言ってくれているのです」

「母は本当は泣いていないのですね」

それ以後、夢見者はずいぶん自立的になりました。

母親に関する夢をもう一つ見てみましょう。

◆◆◆◆◆◆◆◆母と海の近くに来ている。母は海の中にいる姉の所へ連れていってほしいと言う。母が指さす方向には、ただ海が広がっているだけだった。そのまま母は死んでいった。「お母さん」と何度

◆◆◆も呼ぶ自分の声で目が覚めた。

夢見者のお母さんは、夢見者が中学生のときに病気になり、床につくことが多い人でした。夢見者はそのころから、母親がいつ死ぬかと不安に思っていました。

お母さんは病弱なことは変わりませんが、それから二〇年たった今もご健在です。夢見者のお姉さんは、元気に活躍されているキャリアウーマンです。仕事が忙しく自分の思いのままに生きている人で、夢見者に言わせると「無意識のままでいる海の人（つかみどころのない茫洋とした人）」だそうです。母親の側についているのは、夢見者です。お母さんは、このごろ「私は自分の生き方をしてこなかった、あの子（夢見者のお姉さん）のように生きたかった」と言われるそうです。夢見者は、母の病は、女の生き方に対する田舎の因習や父親との関係に原因があるのではないかと、思うようになっていました。そのようなときに見たのがこの夢です。しかし、母がそのような生き方をしようとしたら、死ぬしかない、死んで生まれ変わったときにしか、それはできないのではないか、と夢見者には思われたのです。

夢見者は母の死を夢で見ました。実際のお母さんは、亡くなってはおられませんので、このような夢をカウンセラーは「母親殺し」の夢と呼んでいます。夢で母親を殺したのですから。「母親殺し」の夢は、実際の母親殺しとは異なって、悪いことではありません。夢見者は、本当に望んでいる生き方を母親にさせてあげたかったのです。それは、母親が生まれ変わるぐらいのことをしないと得られないものなのです。

夢見者は「母親の死の夢」を見て号泣し、母親を呼ぶ自分の声で目覚めました。これは、夢で母親を死なせた罪悪感のためともとれますが、この場合、罪悪感を感じなければならないような夢を、夢見者に見させる必要はありません。そうではなくて、実は、この夢の母の課題、「自分の気持ちに忠実な生き方をせよ」は、夢見者本人の課題でもあるからです。母を死なせる夢を見ることによって、自分が母と同じ課題をもっていることに、彼女は気づいたのです。夢見者はこのあと、母の生きざまをもっとしっかり見ることによって、自分の生き方を考えだしました。

母の死によって、自分の課題に気づいた夢を紹介しましたが、次に、自分が死ぬ夢を見ることで自分の課題に気づいた人の夢を紹介しましょう。

「死ぬときが近づいている。もうすぐ死ぬ」と宣告される。うっそうと草の生えている庭にしゃがんで、その言葉を思い出しながら、胸がつぶれる思いがするが、表面にそんなことを出してはいけないと思う。

◆◆◆◆◆◆◆◆◆◆◆◆◆

夢見者が老人か死に近い状態の人であれば、この夢は、自分の死期をまわりにあまり知られないようにしなければならない。そうしないと、まわりの人を不安に陥らせることになるという夢分析になるでしょう。しかし、この夢の夢見者は、まだ若い人です。重い病気にとりつかれているわけでもありません。元気に仕事をしている多忙な人です。そんな人がこのような夢を見たのです。夢見者は、この夢をカウンセラーに語ったあと、「私はこのごろ、人のことばかりで駆けずり回っています。自分のことがお留守になっていて、このままでは消耗する一方で、干からびて、取り残されてしまうかもしれません。自分を削るばかりではなく、自分のために生きる時間を作るつもりです」と決心しています。

人のために活動するのは素晴らしいことですが、注意しておかないと、放出ばかりで自分のエネルギーや向上心が枯渇してきます。それをそのまま放置して突っ走っていきますと、知らない間に自分が枯れて、ついには心が死んでしまいます。夢見者はそのことに気づいたのです。突っ走っているときに、このようなことに気づくことは稀ですし、案外むずかしいことです。夢は、そのようなときには、必ずといっていいほど忠告や警告を与えてくれるのですが、せっかくの夢のメッセージを無視する人も多いからです。また、夢のメッセージをくみ取ることができない人も多いものです。読者は、ぜひ夢のメッセージをくみ取り、それを人生に生かせるようになってください。この本がその助けになれれば、こんなにうれしいことはありません。

死の夢の最後に、輪廻転生と親子の因縁や心の統合の夢を紹介したいと思います。

◆◆◆◆◆◆◆◆◆

二人の人、母娘だったように思う。二人は息が詰まって死んでしまう。しかし、一人は死に切れずに、もとの世界へ舞い戻ってしまう。一人の魂だけが、向こうの世界へ行ってしまう。そこは、大きな波の打ち寄せる海だった。浜辺などのない、ただ海だけの世界。その人の魂はやがて、生き残った人の子どもとしてその人の体内に入り、もとの世界に戻っていったように思う。

　この夢が現実の世界を写しているのでないことは、すぐにおわかりのことと思います。母娘が同時に亡くなることは、大災害や交通事故ならありえますが、夢見者にはそのような体験はありません。もしそうだったら、もはや夢を見ることもできないでしょう。

　母と娘が窒息して同時に死にます。何がこの親子を窒息させたのでしょう。それは簡単に説明できることではないのでしょう。でも、その親子関係の問題が一筋縄ではいかない複雑なものであることは誰にでもわかります。

　窒息状態になった母と娘が同時に死んだあと、一人は生き返ります。このときの夢の表現に注目してください。筆者は「生き返ります」とここでは書きましたが、夢では「もとの世界に舞い戻ってしまう」となっています。「もとの世界に舞い戻る」という表現の裏には、もとの世界には「舞い戻りたくない」気持ちが隠されています。一方、もう一人の魂は、成仏して向こうの世界に戻って行ってしまうのです。

　夢の背景は、波の高い大海原です。夢分析では、海は、われわれ生物のすべての根源ですので、母のイメージをもっています。浜辺などの波打ち際がないことは、人とのつながりや陸とのつながりがないことを意味しています。そこは母娘の世界であり、余人が関与できない世界なのです。

この夢の不思議なところは、母娘の二人が死んで、一人が生き返るのですが、母娘のどちらが向こうの世界へ行ったのかがあきらかになっていない点です。これは、どちらが死んだとしても、どちらかが残されたほうの中に入り、この世界に戻ることを示しています。母が死んでも、娘が死んでも同じです。これも大変意味深いことです。

輪廻転生は、普通、死んでからほかのものになって生き返ることを意味します。この世で功徳を積んでおかないと、死んだら動物に生まれ変わる、というような思想です。しかしこの夢では、死んでいったん向こうの世界へ行った人の魂が、生き残った人の子どもとしてその体内に入って、こちらの世界に戻ってくるのです。

死ぬのが母でも娘でもいいという点が意味深いといいましたが、それはどちらが死んだとしても、母娘の魂は永遠に回帰していることになるからです。「親子は一世、夫婦は二世の契り」といいますが、母娘の関係は、ひょっとするとそれ以上の、何世にもわたるものかもしれません。それだけ深い因縁で結ばれているのでしょうね。

この夢を聞いたとき、私が願ったのは、夢見者が回帰した世界が、またまた窒息させられるような世界でないことでした。

死は再生です。再生を信じないと、この世はどこか闇の世界とつながってしまいます。私は職業柄、自殺したいという人とお会いすることがほかの人より多いと思いますが、そのときにいつも心で思っていることは、もし、この人が自殺されたとしても、そのとき迎えに来てくれる人がいるかどうかということです。それが天使や仏でなくてもいいですが、誰一人迎えがないのに、あなたは死ねますか。

ピンチとチャンスの夢

13 警告の夢

夢は自分から自分へのメッセージですが、なかでも警告夢は数からいうともっとも多いものの一つです。なぜなら生きていることはそれだけで、多くの危険をともなっているからです。第一部で紹介した「新車事故の夢」も警告夢です。「妻子が腐っていく夢」も警告夢です。この本ではほかのジャンルに入れましたが、そのほかの夢の多くも、警告・忠告・助言の要素をあわせもっています。

人間は他人から忠告や警告をされても、その人との関係がよくなければ、なかなか従おうとしないものです。しかし、自分自身からの警告には、さすがに耳を傾けざるをえないでしょう。それでも「良薬は口に苦し」「金言耳に逆らう」で、なかなかそれに従えません。そして、警告を無視したために重大なことが起こったとき、はじめて後悔するのです。後悔先に立たずとはよく言ったものです。警告はあとになって効いてくるのです。

自分の夢分析をしていると、ただ夢を見ただけのときとは違って、警告に対しての意識が明確になってきます。警告によって危険を避けることができ、それが乗り越えられたとき、ピンチがチャンスに変わります。夢分析の価値の一つは、自分に対する自分からの忠告・警告を知ることにあります。それによって、あなたは人生の危機を最小限にくい止められたり、苦境から立ち直ったりすることができるのです。

次に、似た夢ですが、夢見者が異なる夢を二つご紹介しましょう。

◆◆◆◆◆◆◆◆◆◆◆◆◆◆◆◆◆◆◆◆◆

お茶用の水を得るために井戸を掘っている。ある程度掘るとお茶に適しているきれいなおいしい水が湧いてきた。これでもいいかと思ったが、もっと深く掘ると、もっといい水が得られるのではないかと思って、さらに掘り進める。しかし、いくら深く掘ってもいい水は得られない。それどころか、水質がだんだん落ちてくる。これはいけないと思って、先ほどおいしい水が湧き出たところまで埋め戻すが、もとの水より水質が悪い水しか湧いてこない。

◆◆◆◆◆◆◆◆◆◆◆◆◆◆◆◆◆◆◆◆◆

いい水を得るために、みんなと井戸を掘っている。ある程度掘るといい水が湧いてくる。私はもっと深く掘ると温泉が湧くと確信しているが、みんなはそこで止めてしまっている。残念な気持ちで目が覚める。

◆◆◆◆◆◆◆◆◆◆◆◆

二つの夢見者は異なりますが、どちらも企業の経営者です。先の夢見者は茶道をたしなまれており、自宅に茶室を持っておられます。この夢を見たときは、ちょうどバブルの時期でした。会社はある程度の業績を上げていましたが、夢見者としては、もう一段企業を伸ばしたいと考えていました。まわりの会社は、どちらを向いても新規事業に手を出しており、聞こえてくる話は景気のいいものばかりでした。

夢のメッセージはあきらかです。これ以上掘れば、もっといい水が出ると思ったにもかかわらず、水質は悪化するばかりです。あわてて、もとへ戻してみても、もはや先ほどのいい水は得られない、です。水を業績と読み替えれば、バブルが弾けた今なら、誰でもこの意味がわかると思います。どんどん事業を拡大した結果、業績がますます悪くなり、あわててもとの本業に帰ろうと思っても、もはやもとの業績にはとても及ばないというのが、バブル時に拡大路線をとった多くの会社の現状です。

夢見者はこの夢のメッセージを信じて、拡大路線をとることを止めました。はじめは業績を拡大していく他社を見て、これでいいのかとずいぶん逡巡されましたが、今は自分の夢のメッセージを信じて、拡大路線をとらなかったことを心からよかったと思っておられます。社会の波に反して、自分を信じることは誰にとってもむずかしいものです。「人の行く裏に道あり花の山」という株の極意が、証券業界にあるそうです。あとからなら誰でも気づくのですが、そのときにみんなと逆のことを行なうのは至難なことのようです。でも、夢はそれを助けてくれるのです。

二番目の夢は、バブル期とは関係ありません。夢見者の会社は、堅実経営でそれなりの業績を上げています。しかし、このままでは新しい発展が望めないのではないかと夢見者が考えだしていたときに、この夢を見たのです。会社の技術を応用して新しい領域を開発すると、それこそ温泉を掘りあてるような飛躍の可能性があることを、夢見者は感じているのです。しかし、古くから変わらない堅実な商売に慣れているまわりの人たちは、夢見者の思うとおりには動いてくれません。夢見者も、そんなみんなを叱咤激励して、新しい事業を導入する勇気を今ひとつもてないでいるのです。

夢見者は夢のメッセージから、自分の思いは無意識レベルの直観をベースにしたものであることに気づきました。同時に、この思いを現実に実行するためには、まわりの人たちの意識改革が必要だと感じました。そのためには、自分自身がより現実的な計画を立てて結果の展望まで示さなければ、まわりは不安でついてこれないのだ、と気づいたのです。その後、夢見者はゆっくりと事業の方向性を検討し、みんなが安心してついてこれるようなことから始めようと思いました。会社の変革はゆっくりですが、着実に進んでいます。今に温泉が湧き出る企業に発展することを、カウンセラーも期待しています。

経営者の夢を紹介しましたので、警告夢から少しはずれますが、もう二つ、経営の分かれ目のときに見た経営者の夢をご紹介しましょう。

◆◆◆◆◆◆◆◆A君と電車ごっこをしている。いつもは私が運転手でA君が車掌なのだが、このときはA君が運転手で私が車掌だった。

夢見者はこの夢を見たとき、どうして小さいときの遊びの夢を見たのかと不思議がっていました。

夢見者とAさんとは幼なじみで、その縁もあって現在はいっしょに会社を経営をしています。夢見者が社長でAさんが専務です。カウンセラーは、「今、会社で新しいプロジェクトかあるいは何か問題が起こっていませんか」と尋ねました。夢見者は少し考えたあと、「実は、特許関係で少しややこしい問題があります」と述べられました。結果によっては会社が大変なことになるので、夢見者が全力で取り組んでいるのですが、なかなか進展していないのだそうです。「夢のメッセージは、この問題に関しては、Aさんに指揮を任せて、あなたはフォローに回るほうがよいと言っているようですが」とカウンセラーが言いますと、「実は自分もそのほうがいいかなあと、どこかで感じていたのですが、今までこのような問題は、社長の自分が行なっていたので、そうしなければとの思いがありました」と感慨深そうに腕を組まれました。

夢は自分から自分へのメッセージです。夢見者は自分の夢に従いました。その上、会社の運営に関しても、今まで以上にAさんの意見を取り入れるようになりました。その結果、会社のエンジンが、一馬力から二馬力にアップしたのです。

◆◆◆◆◆◆◆◆◆◆◆◆◆

経営者会議を開いている。いつもは私が議長だが、どういうわけか今日はB君が議長をしている。なかなか立派な司会ぶりである。ときどき、私のほうにこれでいいでしょうかというような視線を送ってくる。私はB君のやり方に満足を感じている。

夢見者は社長で、Bさんは専務です。夢見者は自分が年老いてくるのを、少しずつですが、感じはじめていました。そのようなときに見たのがこの夢です。カウンセラーが何も意見を言わないうちに、夢見者は「後継者をB君に決めようと思います。自分は相談役になります。B君が自分に視線を送って自分の存在を立ててくれるので」と、決意を述べられました。どのような組織でも、長に課せられている最大の課題は、後継者を育てることと自分の引き時を知ることです。夢見者は自分の夢から見事に引き継ぎのタイミングをつかまれました。

日ごろから夢のメッセージを読み取る気持ちをもっていますと、夢が重要な決意のタイミングを教えてくれることがしばしばあります。当然です。夢は自分の無意識から自分へのメッセージなのですから。

少し寄り道をしましたが、もとの警告夢に戻りましょう。

◆◆◆◆◆◆◆◆ 油がなみなみと入った中華鍋が火にかけてある。鍋のかけ方が悪くバランスを崩しそうである。今にも火が油に引火しそうである。

これは典型的な警告夢の一つです。鍋に火が入れば、油がなみなみと入っているだけに大変なことになります。そこでまず考えなければならないことは、夢見者が実際に中華鍋で料理をする人かどうかです。もし日常的に中華鍋を使って料理をする人であれば、今後は中華鍋の扱い方を今以上に慎重にすることです。中華鍋は底が丸くなっているので、普通はガスこんろへの座りはいいのですが、かけ方が悪いと、ひっくり返りやすいからです。

　しかし、夢見者は現実に中華鍋で料理をすることはありませんでした。そこで、今にも大量の油に引火しそうな危機的状況が、夢見者のまわりでないかどうかを確かめました。夢見者は、「最近、上司が変わりました。親会社から来た人で、会社の内情よりも、目がいつも親会社のほうを向いている人です。そのため、今までみんなが努力してきた業務に支障が出はじめています。親会社の方針を当てはめようとして、会社の歴史や今までのやり方を無視しているのです。それでも、その方針がよければみんなはついていくのですが、長年のお得意を怒らせて、大事なお客を失うようなことを指示しているのです。そして、うまく行かなかったことはすべて部下の責任にして、自分は涼しい顔をしている。会社の雰囲気は一触即発です」と気色ばみながらカウンセラーに話しました。

　夢見者は中間管理職で、みんなのなだめ役として苦労していました。カウンセラーは、あなたの力で鍋のかけかえができるかどうかを尋ねました。夢見者は、「とてもそんな力が自分にあるとは思えない」と肩を落とされました。そして、「こんな場合どうしたらいいのでしょう」とカウンセラーに尋ねてこられました。

　カウンセラーは「今のあなたにできることは何でしょう」と、問うと、夢見者は「そうですね。鍋に火が入ったときに、できるだけみんなの安全を確保し、自分の逃げ道を用意しておくことかなあ」と、残念ながらそれしかないというように、ため息をつかれました。カウンセラーもそう思いましたので「それが最良のことではないでしょうか」と言いました。

会社はその後大きな試練に見舞われました。社長は更迭され、会社は縮小しました。それでも夢見者と仲間は生き残り、会社の再建が徐々に進んでいったのです。

このように、夢で危険が察知されても、それを阻止する力がいつもあるとはかぎりません。自分に何ができるかを見きわめることが、自分を生かす最良の道です。それが夢のメッセージを生かすことでもあるのです。

似たような夢をもう一つご紹介しましょう。


友だちの家へ泊まりに来ている。しかし、その家の近くの山が噴火するおそれがあり、噴火した場合は溶岩が流れだし、友だちの家にも被害が及ぶということで、どこか高台に住む人のところへ泊まりに行かなければならなくなる。

夢見者は、夢で泊まりに行った家の友人といっしょに仕事をしています。彼らは現在、むずかしい問題に直面しているのですが、複雑な問題なので、二人の考え方がなかなか一致しません。二人の地位はいつもは同等なのですが、この問題を解決するプロジェクトでは、組織上リーダーが友人のほうになっています。しかし、夢見者は友だちの方針に心から賛成できないのです。このままいくと、問題はますます悪化して収拾できない状態になり、流れでた溶岩で自分も友だちもやられてしまうおそれがあるのです。一致してことに当たれば、問題は納まるかもしれないのですが、方針が一致しないのは、二人のキャラクターの違いにもその原因がありますので、頭で考えるようにはうまく行かないのです。

夢のメッセージは、友だちの家を捨てて、溶岩が流れてこない高台へ避難するということです。夢見者は自分だけ逃げることに躊躇していました。しかし、よく読むとこの夢は、「噴火するおそれがある」と言っているだけで、「噴火する」とは、言っていません。このまま友だちの家に泊まると危険性は増大しますが、高台に住む人の家に泊まれば、少なくとも夢見者は助かります。夢見者が抜けても、友だちは自分の方針でことを運ぶでしょう。そのことは、夢見者も確信しています。友だちが自分の方針でやったことに対しては、自分でその危険性も予測できます。コンビは、ときには解消するほうがお互いにとっていいことがあります。漫才のコンビを見ても、このことは言えることだと思います。そのためには、ある種の勇気と決断が必要です。夢見者は夢のメッセージからその勇気を得ました。

人生で壁にぶつかったときの警告夢を、もう一つご紹介しましょう。

◆◆◆◆◆◆◆◆

私は広いグラウンドのような所で壁に向かって立っていたが、足元を見ると、隙間から薄い赤茶色と薄い青緑色の地層が延々と続く深淵がある。

夢見者は壁に向かって立っています。これは彼が「壁にぶつかっている」ことを意味しています。人生にはいろいろな壁があり、この壁を越えることによって、新しい天地や境地が開けます。失敗したときのことを考えずに壁をどうかして越えようとする人も、逆に、越えられる壁なのに、足がすくんで前に進めない人もいます。自分の眼の前の壁が越えられるかそうでないかは、当人にはなかなかわかりにくいものです。夢がそれを教えてくれることがあります。

夢見者が壁を越えようとしているのかいないのかは、夢では明確ではありません。そのとき、夢見者は足元を見ます。壁の前には、薄い赤茶色と薄い青緑色の地層が延々と続いている深淵があるのです。単に壁を越えるだけでも大変なのに、深淵を渡ってそれから壁を越えるのは不可能に近いことです。深淵は延々と続いていますので、回り道をすることもむずかしいようです。

地層の赤茶色と青緑色は補色の関係にあります。白と黒、赤と青、赤と黒など、補色や反対色は、その人の性格の相反する二つの面を表しています。人間は誰でも、優しさと怖さ、甘さと厳しさ、おおらかさと細かさ、など二つの性格をあわせもっています。しかし通常は、どちらか一方が現実に現れているのです。

夢見者は優しい人ですが、ときにはとてつもない攻撃性を見せることがあります。細かいことに気づく反面、案外他人の気持ちに無頓着なところもあります。そのため、ときには大変な誤解を招くことがあります。カウンセラーが、彼のこの点を指摘しますと、偏った反応が返ってきます。夢見者は、自分のこうした性格を変えようと思わず、むしろ、そんな性格に誇りをもっているようなところが見られます。そうした問題を抱える夢見者が見たのが、この夢です。

たしかに、夢見者のこうした性格が人間関係の壁を作っているのですが、それにダイレクトに触れたら、夢見者は深淵に落ちてしまうでしょう。それは、ある種の狂気の世界であるかもしれません。この夢のメッセージは、夢見者に対してもそうですが、カウンセラーに対しても「壁には触れるな。足元を見よ」と告げているのです。夢分析の実際は、そうしてゆっくり進む過程なのです。「車は急には止まれない。人は急には変われない」のです。

また、少し寄り道をします。夢は夢見者本人に対してのメッセージなのですが、夢分析をしていますと、カウンセラーと夢見者は、夢の世界では、一心同体的な関わりをもつようになります。その結果、先の夢のように、夢見者とカウンセラーの両者に対するメッセージがもたらされることもあります。そのような、カウンセラーに対する警告夢を一つご紹介しましょう。

◆◆◆◆◆◆◆◆◆◆◆◆◆

先生（カウンセラー）と地下を探索するトロッコに乗っている。運転は先生がしているが、先生はトロッコを猛スピードで操って、カーブでもスピードをゆるめず、どんどん地底に向かって行く。私は怖くなる。

私が述べなくても、もう読者にはこの夢のメッセージがおわかりだと思います。夢分析は無意識への旅路です。意識が地上の世界だとすると、無意識は地下の世界です。夢見者とカウンセラーは、トロッコに乗って、無意識の世界への旅にでかけます。運転をしているのはカウンセラーですが、すでにそのことが間違っています。夢分析では、運転者は夢見者でなければなりません。そのうえ、カウンセラーは猛スピードで地底に向かおうとしています。これでは夢見者は怖くて仕方がありません。

実は、この夢は、私が若いころに、私のクライエントが見た夢です。夢見者がこの夢を話してくれたとき、私は恥ずかしくなり、すぐに夢分析のスピードを落とし、運転を交代しました。この夢によって、カウンセラーは救われました、夢見者自身も救われました。奈落の底へ転落する危険から。

もとに戻りましょう。次は夢見者が気づかないうちに、大きな危険を告げていた警告夢をご紹介します。

◆◆◆◆◆◆◆◆◆◆◆◆◆

私は、人一人入れるくらいの、木の家型のボックスの中にいる。ふとした拍子に、屋根の下あたりの板を外し、窓を開けると、そこからどうしたことか、水がすごい勢いでザアーッと流れ込んでくる。水は脈打って流れ、どんどん家の中の私を浸していく。

この夢を一読された読者の多くは、すぐに「ノアの方舟」を連想されたと思います。夢見者の無意識は、世界の破滅をどこかで感じていたのでしょう。そこで、破滅から救われるために、一人乗りの「方舟」に入って、洪水が引くのを待っていたのです。水が引いたかどうかは方舟に乗っている当人にはわかりません。ノアの場合は鳩を飛ばして、水がどれくらい引いたかを確かめました。夢見者はそれをせずに、不用意に屋根の窓を開けてしまったので、水没の危機に迫られています。

夢見者は病気のため休職していた人で、気持ちが焦っていました。この夢は、彼の病気がかなりよくなってきたときに見たものです。夢見者の病気は命に関わるもので、まだ十分な休養が必要なのに、もともと仕事熱心だった夢見者は、病気がよくなるにしたがって、ベッドに寝ていることが精神的に苦痛になってきていました。一日も早く職場復帰がしたくなっていたのです。

この夢のメッセージは、もうあきらかでしょう。今、焦って職場復帰したら、夢見者の命が危ないことを、夢見者の無意識は伝えたかったのです。この時点で夢を見たことは、まだ救いがあります。現実に「窓を開けてしまった」のでは、夢見者を助けることはほとんど不可能だったでしょう。夢分析の結果、夢見者はもうしばらくゆっくりと休養することに決めました。不思議と焦りは消えていました。そして夢に感謝する気持ちを抱くようになりました。なにごとも「命あっての物種」なのですから。

人にはそれぞれ行ってはいけない領域があるようです。それがその人の魔界です。多くの人が入るのを禁止されているのが禁断の聖地であり、それは通常「結界《けっかい》」として示されています。もう少しで、そのような場所に踏み込む危険を知らせてくれた警告夢をご紹介しましょう。

どこか高い山。草木はなく岩だらけの山だった。行く手にしめ縄が張ってあった。ここは行き止まりなのだろうか。しかし、ここしか行く道がない。私たちは車に乗っていたが、運転している人は、全然しめ縄など気にしていないふうで、そのまましめ縄の奥へ突き進んで行った。そして、だいぶ行ったところで、また行く手にしめ縄が張ってあるのが見える。今度は、私は車から降りて歩いていって、しめ縄の向こうはどうなっているかと、一人で近寄ってみた。しめ縄の向こうは絶壁だった。もし、前のように車で突き進んでいたら、谷底へ真っさかさまに落ちてしまうところだった。

◆◆◆◆◆◆◆◆◆◆◆◆◆◆◆◆◆◆◆◆◆◆◆◆◆◆◆◆◆◆◆◆◆

「結界」は通常しめ縄や、呪文を書いた紙を結んである縄張りで示されています。この夢で夢見者は、誰かの車に乗せてもらっています。そして、最初のしめ縄の所にやって来ます。この道しか行く道がないと夢見者は思います。これが危険なのです。危険な目にあった人に聞いてみるとわかりますが、たいてい、心の隅では危険性を感じていたが、そのときはそれしか方法がないと思っていた、と言われます。運転者は進入禁止のしるしに無頓着です。

そのまま突き進んでいくと、今度は第二のしめ縄の所へ着きます。夢見者はさすがに気になったのか車を降りて、しめ縄の先の場所を調べます。しめ縄の向こうは絶壁でした。そのまま進んだら、谷底へ落ちていたのです。

この夢の大切なメッセージは、まず、車を降りるということです。だいたい人生の危険には、それを知らせる信号が、三回点灯することが多いようです。この夢では二回ですが。また、一回目の信号は無視しても助かることが多いのですが、二度信号を無視すると、まず大事故（破滅）を起こしてしまいます。

夢見者は中年にさしかかってきた人です。結婚生活がマンネリになっていました。そんなときに、配偶者とは別のタイプの人が現れ、心が引かれました。しかし、このまま進むとあきらかな不倫になってしまいます。相手の人は、そうしたことにはお構いなしで、好きだったらいいではないかというタイプです。主導権は相手が握っていました。デートをしましたが、そのときは、最後まで行きませんでした。そんなときに見たのがこの夢です。夢のメッセージはあきらかです。このまま次の段階に進むと、夢見者と相手は破滅する、と夢（夢見者の無意識）が警報を鳴らしているのです。

夢見者は恋をあきらめました。どこかで寂しい感じが残っていましたがそれでもこれでいいのだ、と思う気持ちがありました。これは夢見者の中年の危機を警告した夢の一つだったのです。

14 地震の夢

地震は被害が大きいことと、予知できないこと、人知でこれを止めることができないことなどが相まって、「地震・雷・火事・親父」と、昔から怖いもののトップにあげられています。現実的な被害への恐怖と同時に、心理的な地震恐怖は、大地が揺れることに根をもっています。「母なる大地」と呼ばれるように、大地はわれわれを支え育みます。また「地に足をつけて歩く」という言葉どおり、大地はわれわれを安定させている基盤です。その心理的な基盤が根本から揺れるのが、地震恐怖のもつ心理的な意味です。

阪神・淡路大震災が起こってから六カ月くらいたったころ、地震による心理的な不安の解消に少しでもお役にたてるようにという企画から、朝の人気ラジオ番組「おはようパーソナリティ道上洋三です」（朝日放送ラジオ）で、「被災者の夢分析」をしたことがありました。リスナーからの電話で夢をお聞きし、夢分析したのですが、みなさん大変な経験をされた方々でしたので、夢の内容は心の深層を揺さぶるようなものばかりでした。しかし、不思議なことですが、地震そのものが直接現れた夢は、一つもありませんでした。

「不思議なことですが」と、書きましたが、実はプロの夢分析家にとって、これは当たり前のことなのです。地震は現実に起こった大変なことです。現実に起こった大変なことが、夢に現れるようになるのは、その現実を無意識がある程度受け入れたことの証明です。心理的な要因から起こる神経症的症状も、その症状が現実に猛威をふるっているときは、夢には見ないものです。それを夢に見るようになりますと、症状が軽減しているのが普通です。どうしてそうなるのかは、明確ではありませんが、症状のもとである心理的な苦悩が、無意識レベルの人格に受け入れられ、収まったのだと考えられています。地震発生後六カ月くらいでは、阪神・淡路大震災はまだまだ罹災者の心に納まっていないため、まだ夢には現れていなかったのです。このように実際の地震の罹災者はある程度の時間がたたないと地震の夢そのものは見ないことが多いのです。だから、地震の夢は、心のなかの地震の心理的様相を表していると一般的に考えられています。

心の地下（無意識）が揺れている現象は、夢に現れれば地震の夢となり、身体に現れればめまいや揺れになるようです。貧乏ゆすりは、もっとも軽い揺れでしょう。ものごとを真剣に行なっているときは、貧乏ゆすりはしないものです。めまいをおもな症状とするメニエル氏病には、ストレスが関係するといわれていますが、これも納得できるところです。そうした揺れが妄想の形をとって現れれば、「家が揺れる」とか「塀が倒れる」などというような、まわりの人には信じがたいような思い（確信的な思い）として、現れる場合さえあるのです。地震の夢を見られたときは、自分の深層（無意識）で何が揺れているのかを見ていただきたいと思います。地震の夢は、「心の中心性（自分を自分と意識しているもの)」の揺れなのです。

このように書きますと、「地震の夢を見たら大変だ」と不安に思われるかもしれませんが、現実との関係を吟味しますと、そうでもないケースもたくさんあります。心の揺れのレベルは、貧乏ゆりからめまいまで、何段階もあるのですから。夢分析は何度も書きますが、「夢見者の現実」と「どうしてこのことを夢にまで見るのか」を、まず基本に置いておく必要があります。もう一つ。何度でもいいますが、どのような夢も夢見者の味方です。夢は自分から自分へのメッセージですから。

では、簡単な夢から見てみましょう。

地震の夢

地震が起こったのだろうか。家の中に入ると、ドアが開かなかったり、柱が歪んでいたりとすごい状態である。私はショックを受ける。そこは、前に住んでいたマンションを売って新しく買った、新築の一戸建てだった。もう一度建て直すには莫大な資金がいるが、はたしてそれはできるだろうか…と茫然としていた。


この夢に出てきたようなことは、阪神・淡路大震災のとき実際に起こりました。被災者のなかには、買ったばかりの家が崩壊し、ローンだけが残って途方にくれた方も多くいらっしゃいました。

夢見者が阪神・淡路大震災の罹災者ならば、いつこの夢を夢見者が見たのか(阪神・淡路大震災が起こってからどれくらいの期間がたっているか)、夢見者の実際の被害がどれくらいだったのか、夢見者の震災からの立ち直り具合はどういうレベルかによって、夢の意味が異なります。前にも述べましたように、震災の直後は、このような夢は見ないものなのです。

震災にあわれた夢見者が、家を建て直そうかどうかと考えていたときに、このような夢を見たとしますと、まだまだ無意識には不安が残っているので、計画をもう一度検討し、慎重を期したほうがいい、という夢からのメッセージです。特に、資金計画をもう一度検討し、かなりの覚悟を決めて取りかかる必要があるでしょう。

仮設住宅でかなりの期間暮らされており、家が欲しいのに資金の目処も立っていない方が夢見者なら、これはある種の慰めの夢です。なぜかといいますと、一度でもこの夢のような体験を現実にされた方は、二度と同じような目にあうのは絶対に避けたいと思っておられるでしょう。そのような方がどうして夢で再体験をしなければならないかを考えますと、夢の意味はあきらかです。今の段階で、無理をして家を立てようとすることは危険であり無意味であることを、夢は伝えてくれているのです。夢はあなたからあなたへのメッセージです。他人からの助言や忠告ではありません。この夢は、「あなたが新築の一戸建てを建てようなどと考えたら、またあの二度としたくない嫌な体験をくり返しますよ」と言ってくれているのです。

すでに資金計画もうまくいき、家も無事建ち、再び幸せが戻ってきたときにこの夢を見たとしますと、夢分析の意味は異なります。現実には、大震災を克服して再び幸せな生活を送っているのにこのような夢を見るのは、地震のトラウマが別の所に残っている可能性があります。なぜなら、大

地震の夢

地震は二度続けて同じ地域に時間をおかずに起こることはまずないからです。地震のトラウマよりもっと大きな心理的危険性は、事が成就したときの安心感と目的喪失感です。やっとの思いで家が再建できたときが、心理的には幸せであると同時に危険なときでもあるのです。「ホッとうつ病」という言葉がありますが、人間がホッとしたときというのは、目的を達成したときであり、言い換えると目的がなくなったときです。このようなときにうつ症状が出やすいのです。もう一度、震災の悲惨なときを夢見ることによって、あなたの夢はあなたに緊張感を与えようとしているのです。

じつは、この夢の実際の夢見者は、阪神・淡路大震災と直接には関係のない人です。彼女のご主人が一戸建ちの家を買いたいと強く思っていて、毎日のようにその話をするのですが、夢見者のほうは、あまり気乗りがしないのです。ご主人から理由を聞かれても、もう一つハッキリしてはいないのですが、今家をもつことに大きな抵抗感があるのです。そんなときに見たのがこの夢です。「今、新しい一戸建てなどを購入しますと、こんな目にあいますよ」と、彼女の漠然とした抵抗感を、強烈にサポートしてくれる夢なのです。

次に、もう少し心理的な意味の深い夢を検討しましょう。

◆◆◆◆◆◆◆◆◆◆◆◆◆◆

私が自殺するのではないかと友人が心配している。私は食器棚の食器をテープで止めたり、紙に包んだりしている。どうやら台風が来るようだ。しかし、実は台風だけでなく、大地震もやって来る感じだった。

この夢を読まれた読者は、どこか他人事のような雰囲気を感じられたと思います。食器棚の食器をテープで止めたり、紙で包んだりして、一応の対策を講じてはいますが、台風と地震がやって来るにしては、緊張感がないようです。この夢のいちばんの特徴は、私が自殺するのではないかと友人が心配しているところです。地震は無意識の揺れが夢に現れたものであると述べました。この夢見者の無意識の揺れは、自殺するぐらいの落ち込みなのではないかと想像されます。ただし、それに気づいているのは友人です。これは、けっして本人が自殺しようと思っているのではないことを夢が伝えているのです。しかし、この夢を見たのは夢見者ですから、夢見者の無意識は、友人が自殺を心配してくれるほどの様子が外に現れていることを、自分に対して伝えたいのです。これは、原因はハッキリしませんが、そうとう深刻な落ち込みが、近々到来する可能性を夢が語っているのです。原因がハッキリしないような落ち込みを予防することは、もちろんむずかしいのですが、夢のメッセージを知っておくと少しは心の準備ができます。「食器棚の食器をテープで止めたり、紙に包んだり」くらいの準備はできます。何もしないで、不意に突然のような台風と大地震がいっしょになったような出来事に見舞われるよりは、打撃は少ないのです。夢見者が夢からそのようなメッセージを受けとめることができないときには、夢のそれを伝えるのもプロカウンセラーの仕事の一つです。

もう一つ、大事件に対する対処の仕方を促進する夢を見てみましょう。

地震の夢

テレビからマグニチュード11の地震がやって来るという情報が流れてくる。窓の外、遠くのほうからゴーという地鳴りが聞こえてくる。もうそこまでやって来ている。間にあわないかもしれない。逃げようとして、コンタクトレンズを入れようとする。しかし、コンタクトレンズがやたらに大きくなっていて、眼球全体を包むようにして押し入れてもまだ入りきらない。仕方なくハサミで適当な大きさに切る。

◆◆◆◆◆◆◆◆◆◆◆◆◆◆◆◆◆◆◆◆◆◆

「マグニチュード11の地震」というのが、現実にあるかどうかはわかりません。しかし、もしこの規模の地震が来たとすると、そこではすべてのものが壊滅状態になるでしょう。地震のまえぶれの地鳴りがそこまでやって来ているのに、夢見者は恐怖でパニックになるのではなく、コンタクトレンズを入れているのです。コンタクトレンズは普通は眼科医に処方してもらって作るオーダーメイドですので、個人に合うようなものを作るのですが、夢見者のコンタクトレンズはやたら大きく、しかもハサミで切って入れられるようなもので、いわゆる現実のコンタクトレンズではないことがわかります。危機が迫ったときに、このような現実には存在しないコンタクトレンズを入れることに、どのような意味があるのでしょうか。こうしたとき、夢見者に聞いてみても、ほとんどの場合はわからないと答えることが多いようです。わからない理由の一つは、たとえばコンタクトレンズと言われたとき、自分がもつコンタクトレンズのイメージに縛られているからです。夢見者本人がもつイメージを直接夢に結びつけて解釈しようとすると、それこそ近視眼的になってしまいます。

夢分析をするには、いろいろな角度から意味を検討しなければなりません。夢を聞いてくれる人が大切なのは、他人に聞いてもらうだけで別のイメージが広がるからです。

夢見者がその物に対して特別の意味を感じているときは、夢の意味が特定されますが、なかなかそういかないのが夢分析です。このような場合は、コンタクトレンズの一般的性質から考えていくのです。コンタクトレンズは、眼球の水晶体の機能を補って、ものごとをハッキリ見るためのものです。コンタクトレンズをしていないときは、まわりがボーとしか見えません。眼鏡のことを考えるとよくわかると思うのですが、自分に合わない眼鏡でものを見ることほど、苦痛なことはありません。頭が痛くなりますし、肩がこりますし、集中力がなくなるでしょう。

この夢を見たのは、興味深いことに、夢見者は落ち込んでいた状態から少し浮上してきたときでした。しかも、落ち込みの要因がハッキリしていなかったのです。夢は落ち込みの要因が、ひょっとしたら「マグニチュード11の地震」級のものであることを示唆しています。夢見者を崩壊させる危険性さえもっているようです。これに対処するには、あわてずに、自分の目にあったレンズでハッキリとものごとを見ることが必要であることも、夢は告げています。「マグニチュード11の地震」は、中国の「白髪三千丈」式の誇張で、夢見者に気づかせるためのものでしょう。夢はこのように誇張して夢見者に迫るところがあります。

夢見者はこの夢によって、自分の尺度、自分の視座でものごとを見て対処することの重要性を改めて思いました。それまでは、どうかすると他者の見方に流されていた方でしたから。

次に、「心の中心性（自分を自分と意識しているもの）」が崩壊する地震の夢を取り上げます。

薄暗い建物の中にいる。大地震か核爆発が起こって世界が滅亡し、ここに避難しているようだ。建物もぼろぼろになっていて、隙間から風が吹きいる。風に混じって、粉のようなものが流れてくる。焼けたあとの灰や、放射能が風に乗って飛んできているのだろうか。外はひどい惨状のようだ。

この夢は「世界が没落する」夢です。もしこのような体験が現実に起これば、その人は狂気の世界の中に放り込まれたような、大変な心理状態に陥ります。夢見者の無意識には、世界が滅亡するような思いがどこかにあるのでしょう。ひょっとすると、このような感情は、人間の誰もが心の深層ではもっているものかもしれません。夢分析をしていて、このようなもし現実感覚として外にも漏れ出たら危険な心の深層が、夢で現れてくれますと、分析者としては本当にホッとします。夢見者が夢によって自己崩壊から救われた感じがするからです。心の深層が要因となる自己崩壊の危険性は、外部環境の変化（倒産、リストラ、事故など）のように目に見える形でやっては来ませんので、予防や予知が困難です。そばにいる人が、感受性豊かで温かく、心理的にその人を守れるような環境にあればよいのですが、そうでない場合は大変危険なのです。

また、自分の生活を脅かされたり、生命を危うくするような外部環境の変化の兆しがあるときも、このような夢を見ることがあります。ただし、本人がまったく察知できないような外部環境の変化や事故は夢には現れません。無意識だってそこまでは察知できないからです。

外部環境の変化もいざ起こってからでは、なかなか修復が大変です。地震のように予測不可能なものは別にして、倒産や事故は、どこかに前兆や予兆があることが多いものです。第一部で、私が新車を買ったときの夢を紹介しましたが、事故の予感は察知できることがあるのです。これを察知できるかどうかが、運命の分かれ道になります。夢は、これらの兆しを伝えてくれる機能をもっています。

地震の夢を心（無意識）の中心性の揺れという観点から見てきました。一般的に、地震の夢には、「カタストロフィー（崩壊・全滅）」や「急激な変化」に加え、「再生」という意味もあるといわれています。「大地震が起こって何もかもが破壊された。ボーッとしていると、目の前の瓦礫の間から新しい芽が出ていた」というような夢を見る人もいます。分析心理学の創始者であるユングは、「死と再生」ということを言っていますが、われわれの人生も建築物と同じように「一度壊さないと新しく建てられない」のではないでしょうか。よく「ピンチはチャンスである」といわれます。でもピンチのときに、心の援助者がまわりにいないと、ピンチはそのままわれわれを奈落の底に突き落としてしまいます。夢はあなたのまわりに誰も味方がいないようなときでも、あなたの唯一の味方となり、知恵をさずけてくれます。夢はあなたからあなたへのメッセージなのですから。

15 戦い・喧嘩の夢

現実の戦いの多くは、外敵との戦いですが、夢における戦いは、自分との戦いであることが多いようです。いわゆる心の葛藤というものが、戦いという形をとって夢に現れるからです。現実の戦いの原因も、本当のところは、人間の欲望、嫉妬、羨望、復讐、好奇心、自己愛など心理的な感情がベースになっています。「恨みをはらすのに徳をもってせよ」とか、「汝の敵を愛せよ」「和を以て尊しとなす」などと昔からいわれていますように、心の成熟によってしか戦いは治まりません。そうでないと、いつまでたっても「血で血を洗う」戦いが継続されてしまいます。侵略に苦しんだ民族が侵略者との戦いに勝ったとき、誰もが平和になると思っているのですが、今度は逆に自分たちが侵略者となって他民族を攻めることが、歴史上くり返されています。人間に煩悩があるかぎり、なかなか戦いは終焉しないでしょう。

しかし、人間の煩悩は克服されがたいものです。そのため、人間は戦いを避ける方法をいろいろ考えてきました。それがゲームやスポーツです。

野生動物の子どもは遊びますが、大人になるともう遊ばないといわれています。大人になっても遊ぶのは、人間くらいです。スポーツや遊び（競技や賭けごと、シュミレーションゲームなど）は、人間が戦いを遊びやゲームにして、そのなかで欲望、嫉妬、復讐、好奇心、自己愛などを象徴的に実施することによって、戦いの気持ちを昇華させているのです。ときにはそれがゲームであることを忘れて本当の喧嘩になることがあります。サッカーのフーリガンのように、国際的な問題になる場合もありますが、それでも「喧嘩はおやめ、相撲はお取り」という言葉があるように、スポーツや遊びは戦いや喧嘩をおさめる大切な手段なのです。

戦いをおさめるもう一つの方法が夢です。戦いの夢は、まさに人間に与えられた、戦わずしてものごとをおさめる知恵だといえるでしょう。夢は、スポーツやゲームよりもリアルです。夢を見ているときは、本物の体験なのですから。

現実の世界で争っている相手と戦う夢を見るときもありますが、そのような外敵と戦うための方法も、夢は教えてくれます。そして同時に、戦いを根本的におさめるために、自分の人格を成長させる方法や方向性も示してくれるのです。

簡単な夢からご紹介しましょう。

◆◆◆◆◆◆◆◆夫と喧嘩をし、夫は先に帰ってしまう。会社に電話すると女の人が出て、今、会議中だと言われる。私の携帯電話のアンテナが折れてしまう。

七年目の浮気という言葉がありますが、結婚生活もそれくらいになると、お互いに慣れも出てきますし、日常生活が忙しく、夫婦のコミュニケーションも、お互いに通じ合っているつもりなのに、実はすれ違っていることが多くなってきます。別に浮気をするようなことが起こらなくても、夫婦生活がマンネリになり、お互いの魅力を感じなくなったりします。夢見者は、ちょうどそんな時期にさしかかった女性です。

この夢では、夫婦でどこかへ出かけたようです。おそらく買い物か食事か、少し日常性を離れた所での夫婦の会話を求めていたのでしょう。しかし、往々にしてこの時期にそのようなことをすると、ささいなことで喧嘩になり、お互いが気まずい思いをします。夢の中でも、夫は先に帰ってしまいました。先に帰るというのは、普通は家に帰ることを意味しますが、この夢の場合、夫は家に帰らず会社に行ってしまいます。夫は自分より仕事を優先していると、日ごろから夢見者は感じているのでしょう。それでも、夢見者は反省したのでしょうか、夫の会社に電話を入れます。仲直りしようと思ったのです。しかし、電話に出たのは女性でした。別に夢ですので、電話に出るのが男性でもかまわないのですが、女性が出て、事務的に会議中だと言われてしまいます。仮に、この夢で男性が電話に出て、「会議中です」と言われたのとくらべると、その違いがわかると思います。このように夫が無理解（少なくとも、喧嘩になるときは自分が理解されていないと双方とも感じていますので）な態度になると、妻はほかの女性の存在が気にかかるのです。そして、ついに夢見者の携帯電話のアンテナが折れてしまいます。ここにきて、夫婦のコミュニケーションがそうとうの危機を迎えていることを夢が示しているのです。それと、アンテナは夢見者の携帯電話のアンテナですので、これは夫からのコミュニケーションを受信する夢見者の能力が落ちていることを、夢が知らせてくれているのです。この夢分析によって、夢見者はまず、自分のアンテナの修理をすること、すなわち感受性の感度を修理することから始めることにしました。もともと仲のよい夫婦でしたので、このときのコミュニケーションの行き違いはすぐに解消されました。しかし、自分のアンテナが鈍っていることに気づかず、相手の無理解のせいばかりにしていたら、夫婦は危機を迎えていたことでしょう。

次に、少し激しい戦いの夢から見ていきましょう。

ものすごい殺し合い。敵も味方も一〇人から十数人ずついる。私たちは火縄銃を撃っている。敵はもっとよい武器を持っている。火縄銃だからなかなか大変だが、私は敵をたくさん殺す。味方もたくさんやられているみたいである。

夢見者は虫を殺すのも嫌な性格で、蚊がきても、殺さずに振り払うだけのような人です。夢見者が実際の場面で争いや喧嘩をしたのを見た人は、彼のまわりにはいないでしょう。しかし彼は、夢ではたくさんの敵を殺しています。まずこの夢から考えられることは、夢見者の現実（意識）に反して、彼の中には、この夢のような激しい攻撃性が内在しているということです。しかし、私は夢見者と二〇年以上つき合いがあって、よく知っていますが、彼が外部に対してこのような攻撃性を出したことはありませんし、私自身が彼の攻撃に出会ったこともありません。ちなみに彼のニックネームは、有名な無抵抗主義者から取ったものです。むろん、どのような人間にだって、秘められた激しい攻撃性はあるものです。彼の中に秘められていた攻撃性がしだいに目覚めてきた、と考えることもできます。

では、どうして夢見者はこのような激しい戦いの夢を見たのでしょうか。この夢を見たとき、夢見者は次のように語りました。

「このごろ、自分の内部が無茶苦茶になっているように感じます。特に妻ともめたときは、理屈ではおかしいことだと思うのですが、まわりがみんな敵のように感じてしまうのです。自分には誰も味方がいないのではと思うのです」

しかし、夢では、夢見者にも敵と同数くらいの味方がいます。たしかに、夢見者たちの武器は、敵にくらべて貧弱なのですが、それでも敵を相当数殺しています。ただし、味方も相当数やられています。火縄銃は昔の武器です。今では流通もしていませんし、それで戦うこともできないでしょう。夢は、どうして火縄銃を夢見者の武器に選んだのでしょう。それはこの戦いが、昔の場面を設定しているからです。夢見者と妻がもめる原因が過去の出来事にあるのではないかと想像されます。それが、今の彼の心の揺れに呼応して出てきているのです。実際には、夢見者は妻とは表面的にもそれほどもめていません。彼女の攻撃を無抵抗主義者のように接することでかわしていたのです。

それが、ついに限界になってきたのでしょう。それでもこの戦いを継続しますと、双方に死者が出ることが予想されるのです。死者というと大げさですが、死ぬような思いや自分の中の何かが死ぬようなことが起こる可能性があるのです。自分の内部の無茶苦茶になっていることを整理し、自分のことと配偶者との問題を区別して解決する必要性を、夢のメッセージは伝えたいのです。

次の夢は、より夢見者の課題がハッキリしているものです。

◆◆◆◆◆◆◆◆ 男の子どもが支配している世界がある。みんなは怖がっているが、私はすきを見てその子を殺そうとする。力がなさそうなのでやれる感じをもっている。古い建物の中という感じである。

夢見者は中年にさしかかってきた男性です。中年になってきたときに、いちばん厄介なものの一つが自分の子ども性です。この夢で男の子どもが支配している世界は、古い建物の中にあります。建物というのは、夢ではしばしば自分の身体や自分の人格を表します。つまり、古い建物の中にある男の子の世界とは、自分の身体・精神に住みついている子ども性のことです。この夢にあるように、中年にさしかかった男性はどこかで自分の子ども性と戦うのを恐怖しています。それは、今までもっていたプライドや依存性や甘えの放棄を意味するからです。みなさんも、中年以上の男性、夫、上司の子ども性に悩まされたことがあると思います。特に日本の女性は、夫の子ども性にときには手を焼いたことがあるでしょう。

夢見者は、今、自分の子ども性と戦おうとしています。夢見者は、ときどき、怒りを爆発させることがありました。それはまさに、夢見者の子ども性から発せられていたものです。そして、ほかの中年以上の男性の中に子ども性を見たときに、その怒りはより大きくなるのでした。夢見者は、もはや自分の子ども性に力がなくなってきたことを自覚しています。今、自分の子ども性と戦うチャンスを迎えています。夢はそれを応援しているのです。

男性の課題が自分の子ども性だとしますと、女性が自分の課題として戦わなければならないのは、依存性による誰か（両親や夫や友人が多いのですが）に対する囚われです。夢をご紹介しましょう

◆◆◆◆◆◆◆◆◆◆◆◆

戦争が行なわれている。一人の女性が捕虜として捕らわれている。そこは、母の実家の奥にある部屋のような雰囲気で、彼女は暗い納屋のような所へ閉じ込められていた。ほとんど食べる物も与えられずに衰弱していったが、ついに戦争が終わって自由になった。

この夢を一読された読者は、この夢の興味深いところに気づかれたと思います。女性が捕まっている場所は、母の実家のような雰囲気のある所です。夢見者は二〇歳代の既婚の女性で、母娘関係は母親に依存していると同時に、母親も彼女に依存しているところがあります。現実に戦争で捕虜になったら、母の実家に閉じ込められる人はまずないと思います。この戦いは、母の実家に関係しているのです。

この夢のもう一つの特徴は、夢見者が直接夢に現れずに、「二人の女性」と主人公が不明確な点です。母娘関係からすると、母の実家に閉じ込められているのは、夢見者の母でしょう。しかし、母が主人公として明確に登場してはいません。この夢は、自分の母親の母娘関係と夢見者自身の母娘関係が二重写しになっているのです。夢見者の母親は、自分の実家との関係でエネルギーを取られ、心が衰弱しているところがあります。同時に、夢見者も母から同じような扱いを受けてエネルギーを取られ、心が萎えているところがありました。ちょうど、この夢を見たころに、母親の母、夢見者からすると祖母が亡くなり、実家との心の縛りが解けるチャンスが訪れていたのです。それでも、なかなか母娘のもたれ合いによる囚われの解消はむずかしいのです。夢は、戦争は終わって自由になったよ、それに気づきなさい、さあ、あなた自身の鎖は解かれたのですよ、これからはエネルギーを回復できますよ、と伝えているのです。

夢分析によって、夢見者は少しずつ母の呪縛を解いていきました。それはまた、夢見者と夫の関係の改善に大きな効果をもたらしたのです。それは、夢見者の子ども性からの解放でもあったのです。

自分の中の戦う対象はいろいろあり、子ども性だけとはかぎりません。なかでも多いのが、自分が認めたくない自分の「影の性格」です。自分が嫌に感じている自分の性格をどのように受け入れるのか、という課題です。自分が認めたくない自分の性格は、とかく、他人のせいにしてしまいがちです。自分が毛嫌いしている人の場合は、もちろん、相手の人格に問題があることも多いのですが、自分自身にも相手と類似の問題があり、それが原因で相手を嫌っていることも多いものです。自分の嫌な性格は、他人に押しつけたいのが人間です。これが現れやすいのが、子どもと配偶者に対してです。子どもに説教したくなる内容をよく吟味していただくと、同種のものを親である自分ももっていることがしばしばわかります。なぜかといいますと、子どもは親の行動を見て育っているからです。そして、自分が嫌に思う性格を子どもが示したときに、通常ではないような腹立ちを感じるものです。これが嵩じると、虐待に発展するのです。子どもを虐待している親が冷静になったときに話を聞きますと、どうしてあれほど激怒したのかわからない、とよく言われます。これは、自分の影の性格の部分に自分が激怒した反応なのです。

自分のマイナスの性格と思っているものを受け入れて、より円熟した人格に成長するのはなかなか困難なことです。だから、このような葛藤が戦いの夢として出てくるのです。

もう一つ、そのような夢を紹介しましょう。

◆◆◆◆◆◆◆◆◆◆◆◆◆◆◆◆◆◆◆◆◆◆◆◆

私は組織の黒幕と戦っている。そのことを知っている人が、私に攻撃をしかけてくる。組織の半分くらいは敵で、ほかの人はそのことを知らない人たちである。私はその組織から逃げながらも、黒幕を倒せる資料を入手するが、コピーを一部取って誰かにことづけておかないと、これだけを提出しても握りつぶされる恐れがあると思っている。私は慎重にことを運ぼうとしている。

夢見者は、その筋の人のように、現実の組織の黒幕と戦っている人ではありません。夢の状況は、夢見者の日常とは関係がありません。だからこの戦いは、夢見者の心の中の戦いです。黒幕とは、先にも述べましたように、夢では自分の人格の影の部分のことです。影とは自分が受け入れられない自分の性格です。組織の半分が敵であるというのは、影の性格と日向の性格それぞれが人格の半々を占めているからです。そのうえ、組織の半分の、黒幕と戦っていることを知っている人（意識）は、夢見者を攻撃してくるのです。この夢をお読みになった読者は、黒幕と戦うのは大変だということがおわかりになったと思います。テレビ映画のスパイもののような力も知恵もいる戦いです。よほど証拠をつかんでおかないと、握りつぶされます。

証拠を握りつぶすのは自分です。どのような握りつぶし方をするかといいますと、それは言い訳です。人は誰かの欠点や失敗を指摘するとき、何とかその人の力でできると思うようなことに関しての指摘をします。まったくその人の能力を超えるようなことなら、すでにあきらめていますので、指摘することはあまりありません。それなのに言い訳するというのは、欠点を自分が認めていない行動なのです。自分の欠点や失敗を指摘されたときに、それを素直に認めることが、影を受け入れることなのですが、意識は影の証拠を隠したがります。夢見者は慎重にことを運ぼうとしています。これが、「獅子身中の虫」である影との戦い方なのです。

黒幕、影はある意味では戦う対象なのですが、それもまた自分の中の一部分ですので、自分の影を認め、それと協力してはじめて、完全な自分になれるのです。しかし、影まで総動員する戦いは、その人の人生の一大危機です。それぐらいの危機が来ないことには、なかなか自分の影を認め、それと協力しようなどと、人間は思わないものなのです。

そのような夢を紹介しましょう。

私は家族と一緒にマンションにいる。そこへ大勢の敵が進入してくる。あまりにも敵の数が多いので一瞬ひるむが、まず妻と子どもを安全な所へ逃がして、戦おうと思った。私は両手に武器を取り、襲いかかる敵を振り払いながら懸命に戦う。しかし、なにぶん敵の数が多すぎて、後退を余儀なくされはじめる。そのとき、敵に動揺が起こる。見ると、黒ずくめの男が私の援軍として現れた。彼は私に作戦を授けながら、血みどろになって戦っている。私のほうはそれに勇気を得て、前進しながら敵をやっつけている。マンションのバルコニーに、首置き台が置いてある。首置き台は、高さが一メートルくらいで、一二の首が置けるようになっていた。時計の三、九、一二時の所は、大首（大将首）用になっていた。それにはすでに大首が三つと小首が六つ置かれていた。少し安心したところで目が覚めた。

夢見者は四二歳の男性でこのとき本厄でした。その年、彼は晴天の霹靂《へきれき》と思われるような事件に遭遇し、社会的に葬られかねない危機に出会っていました。事件は夢見者の子どもや配偶者まで巻き込まれるようなものでした。その戦いがある意味で、終盤に近づいていたときに見たのがこの夢です。

夢見者はこれまで、自分に自信がある人でした。そのような人の常として、己を頼む性格であったのです。上司や部下、配偶者の忠告に耳を傾けることをしませんでした。攻撃的な面があり、それはいい意味では積極的で、仕事もできる人でしたが、敵を作りやすく、仕事ができない人に対しては情け容赦のないところが目立っていたのです。

夢では、夢見者は最初大勢の敵と一人で懸命に戦っていましたが、衆寡敵《しゅうかてき》せずで、後退を余儀なくさせられていました。そのときに援軍が現れたのです。援軍の黒ずくめの男（黒い同性の人）は、夢では、夢見者の影を表していることが多いのです。夢見者はこの大勢の敵と戦うためには、自分の影の性格をも動員しなければならないのです。彼は援軍の出現で勇気を得て、敵をやっつけていきます。

この夢の特徴は、夢見者の住んでいるマンションのバルコニーに、首置き台が設置されていることです。何のために、夢はこのような首置き台を用意したのでしょう。それは、夢見者が自分の影との統合をある程度果たせましたが、まだ、大首一つと小首二つを獲得しなければならないという今後の課題を示すためです。大変な戦いにある種のけりをつけたとき、人間は安心してしまいます。特に夢見者はそのような性格の人です。彼のそのような性格が今回の問題をここまでこじらせた一因なのです。夢はそれをぜひとも夢見者に伝えておきたかったのです。

この事件に決着がついたあと、夢見者はみんなから変わった、優しくなったと言われるようになりました。特に配偶者と子どもに対しては、その傾向が顕著でした。それでも、少し油断すると以前の性格が頭をもたげてくるようです。そのようなときに、夢見者は夢のメッセージである「まだ、バルコニーの首台には、大首一つと小首二つが残っているよ」を思い出しています。夢は何と賢明なのでしょう。

首台に首がすべて埋まるとき、それは夢見者の人格の完成になるのか、死を迎えるときなのかわかりません。首置き台の配置は、ある種の曼陀羅《まんだら》の配置です。夢見者が、次の人格の成熟段階に進むには、今度は戦いではなく、仏の心、仏の知恵の配置になる必要があるような気が、カウンセラーにはしています。

16 渡河・渡海の夢

川は二つの世界を分けています。二つの世界を行き来しようとするとき、人は橋をかけました。行き来を妨げようとするとき、橋を壊しました。戦争が起こったとき、橋の確保や爆破は戦略として重要です。江戸幕府の政策のように、急激な侵略を防ぐために本当は橋が必要な川にあえて橋をかけないということもあります。

「箱根八里は馬でも越すが、越すに越されぬ大井川」という歌のように、普通に行き来する人にとって橋がないことは不便の極みです。しかし、橋をかけることにはそれなりのリスクもともないます。それでも橋がかかることは大切です。

箱庭療法という心理療法があります。五七×七二×七センチの砂箱に、ミニチュアの玩具を置いて、自分の好きな世界、風景、表現をする心理療法です。この箱庭療法では、それまでは川で区切られていた世界に橋がかかることがよくあります。夢分析と同じで、箱庭療法も型にはまった解釈は避けねばならないのですが、橋が置かれるというのは、今まで行き来のなかった二つの世界がつながり、今まで無視していたり、統合できなかった、自分のもう一つの人格が成長することを意味している場合が多いのです。箱庭療法の治療者は、それまでの箱庭でなかなか橋がかからなかった、川で区切られた世界に橋がかかりますと、来談者の心の成長にひそかに拍手を送っています。

橋と同じような意味をもつものにトンネルがあります。「橋がかかる」のと同じような意味に「トンネルを抜ける」という表現がありますし、悩んでいる最中の表現として「トンネルの中」とか「トンネルを抜け出せずにいる」ということもあります。トンネルと橋の違いは、トンネルは向こうが見えないのに対し、川は向こう岸が見えているのに渡れない点です。トンネルのほうが暗くて大変そうですが、向こうが見えているのに渡れないのもなかなか厳しいことです。「トンネルをぬけるとそこは雪国だった」は、川端康成の有名な小説『雪国』の書き出しですが、トンネルは抜けると世界が一変します。川は渡れば世界が拡大しますが、トンネルほどの衝撃はありません。橋は渡るか渡らないかの選択ができます。トンネルの中では生活できませんので、トンネルは抜け出さなければいけない世界です。

川を渡るには、橋をかけなくても、歩いて渡ったり、泳いで渡ることができます。歩いたり泳いで渡れる川は、川幅が狭かったり、浅くて流れがゆるやかな川です。夢に出てくる川や橋、川を渡る行為もそのようなことを考えながら見ていってください。

◆◆◆◆◆◆◆◆ 川の中に、二本の杭《くい》が出ていて、その間をどうやってつなぐか、あるいはここから向こうへどうやって行くかを、考えていた。

この川はそんなに幅は広くなさそうです。また、あまり深くもなさそうです。それでも夢見者は川を渡れずに困っています。渡るのに杭という取っかかりはあるのです。杭が二本出ていて、そこをつなげばこの川は渡れるのです。

夢見者に、そんなに深刻ではないが、なかなか解決のむずかしい問題があるかどうかを聞いてみる（考える、思い出す）ことから、夢分析は始まります。夢見者は、職場の人間関係に少し問題を感じていました。自分の課内のことではなく、隣の課とのトラブルです。隣の課の課長が、こちらの課の仕事に口出ししてきたり、逆に隣の課の仕事だと考えてもいいことで、少しややこしい問題が起こると、こちらの課の責任にするようなところがあるのです。無視して無視できないことはないのですが、課と課の関係がギスギスするので、会社全体のことを考えると無視するばかりではいけないような感じがあるのです。

夢はこの問題を解決するヒントを与えています。二本の杭です。二つの課の間に、二本の杭がないかを夢見者は考えました。すると、隣の課のAさんと自分の課のBさんとは、前の部署で一緒に仕事をしてきた仲であることに気づきました。相性もなかなかよかったのです。二人は課長の手前、いままで行き来を遠慮していたところがあるのですが、両課の橋渡しになるのではないかと夢見者は考えました。夢見者は、AさんとBさんと三人で対策を立てるというより二つの課の間に、コミュニケーションの橋渡しをする方法を考えました。この場合、具体的な対策を考えるより、単なる橋渡し、すなわちコミュニケーションを円滑にすることを考えるほうが大切なのです。三人で対策まで考えますと、前述したような課長ですので、三人が逆に浮き上がり、課長からイヤミを受ける可能性があるのです。

コミュニケーションを円滑にする。これは基本的には相手の話を聞き、その人の感情を受け入れることですが、隣の課のAさんが課長の話（特に、Bさんの課に関する問題）をよく聞いて、その本心を知り、こちらの課のBさんに伝えるのです。これはスパイ行為とは本質的に異なります。スパイ行為は情報を盗み、相手に損失を与える行為ですが、この場合は相手の本心を知り、本心をコミュニケートすることだからです。本心の交流は人間関係をよくし、組織のコミュニケーションの通りをよくするのです。

実際には、なかなか簡単にはいきませんでしたが、夢見者が自分の方針をもち、まず自分と同僚のコミュニケーションの円滑化をはかりました。同時に、AさんやBさんとも話し合いました。やがて両課の間のコミュニケーションは前より円滑になりました。何よりみんなの夢見者に対する信頼が飛躍的に向上しました。あなたの夢はあなたの最大の味方です。

次に、より危険な状態で橋を渡る夢を見てみましょう。

◆◆◆◆◆◆◆◆◆◆◆◆◆◆

私は灰色のコンクリートでできたビルの中にいる。不意に、右前方から赤い溶岩が吹き上がってくる。噴火だ。とにかく下へ降りなければ絶対に死んでしまう。前を見ると、吹き上がる噴火口のすぐ横に、手すりも何もない橋がかかっている。そこを渡れば下へ行く階段がある。噴

◆◆◆◆◆◆◆◆ 火口からは、赤く焼けた小石が激しく吹き上げていて、こちらにつぶてのように飛んでくる。あれに当たると確実に死ぬ。私は必死で走って橋を渡る。

夢見者は三三歳本厄の女性です。厄年は人間にとっての転機の時といわれています。結婚、離婚、出産、仕事を辞める、仕事を始める、など人生の転機となるようなことが、この年齢のあたりで起こる場合が多いからです。もう若くはない、今までとは違った自分になる、それだけ災難にあうことが多い、という節目のときが厄年です。女性の厄年は数え年で一九歳と三三歳、男性は二五歳、四二歳、六〇歳です。

占いに数字が使われることがあるように、数字には不思議な意味があります。一ははじまり、二は対立、三は岐路、四は安定、というようにです。おもな節目の年というのは、七の倍数と、重なる数字です。「男女七歳にして席を同じうせず」の言葉どおり、男女の最初の区別は七歳です。また七歳までは幼児で、それを越えると学童になるのです。一四歳は昔の平均初潮年齢ですし、二一歳は成人と子どもの境目です。三五歳は男女とも、もはや若者ではないと意識する年。四二歳は男性の大厄、四九歳は老年への節目。腰痛・老眼や閉経の年です。五六歳は昔の定年です。

一方重なる数字のほうは、一月一日は元旦、三月三日は雛祭り、五月五日は端午の節句、七月七日は七夕、九月九日は重陽の節句です。七七歳は喜寿、八八歳は米寿、九九歳は白寿です。パチンコのファンならば「777」は大当たりとなりますよね。

七日ごとに休みがあるように、七は節目や区切りになる、不思議な数字です。数字の記憶も七桁から八桁になると、急にむずかしくなります。電話番号や郵便番号が七桁なのも、記憶心理学によると、人間が記憶できる境目と関係しているのです。最近電話番号が七桁から八桁になったところが出てきましたが、みなさんのなかには番号が覚えにくくなった方が多いと思います。

節目は危険もありますが、チャンスにもなります。生年月日や星座などにちなむ数字は不思議なものなので、魔の数字もあれば、ラッキーな数字もあります。

だいぶ寄り道をしましたが、夢に戻りましょう。

夢見者である厄年の女性は、これまで、灰色のコンクリートのビルにいました。建物は自分を入れる物でもあることから、夢では自分の身体を表していることがあります。コンクリートというところからすると、夢見者は緊張性で、身体もガチガチなのかもしれません。逆に身体の緊張が取れると、マグマが吹き出すように気持ちが激しくなる人なのかもしれません。

夢見者が独身の場合、灰色のビルにいる厄年の女性を想像しますと、なかなか恋が芽生えないような感じがします。しかし、いったん芽生えると、それはマグマが吹き出すような激しい恋になり、自分の身を焼き尽くすようなものになる可能性があります。もし既婚者ならば、結婚生活が灰色を帯び、それに耐えきれなくなってきているのかもしれません。

夢見者が仕事をしている人なら、大きな仕事に取りかかれるチャンスでしょう。自分のエネルギーと情熱をうまく使って、その危険性を避けながら進んで、必死でその橋を渡れたら、ひと回り大きな仕事ができる人になれると思います。

おそらく夢見者は、今までは安全に守られていたのでしょう。自分のまわりにコンクリートの壁を築いていたのですが、どこかそれだけでは満足できないものがあったのでしょう。そして、彼女の中には、いまだに冷めやらない熱い血潮や情熱があるのです。現状を打破したい気持ちがマグマのように溜まっていたのです。彼女は現実的な人のようです。それは、この夢の雰囲気が、大変なことが起こっているわりに、冷静な判断があるからです。

夢見者が熱い情熱を生かそうとすれば、ある種の危険がともないます。この夢の矛盾しているところは（現実との矛盾）、下からマグマが上がってきているのに、下に降りなければ絶対に死ぬと夢見者が思い込んでいるところです。下に降りるという夢は、これまた状況によって意味は異なりますが、この夢の場合はマグマの溜まっている方向に降りるということから考えると、危険な情熱のほうに向かっていることになります。それは、今まで意識しなかった（無意識的な）方向、あるいは今までなら彼女が取らなかったと思われるような、異なった方向へです。そして、このような危険な状況を打破するためには、そのエネルギーの源を自分が使えるようにコントロールしなければならないのです。しかし、まともにマグマや噴出物にぶつかることは、これまた死を意味します。先にも述べたように橋を渡るというのは、新たなる世界に出ることですが、夢見者の場合橋を渡れば下へ行くことになるのです。夢見者は人生の岐路に立っている状態ですが、本人はその危険性に気づいていないところがあるのでしょう。だから、夢がそれを教えてくれているのです。

夢見者がこの夢のメッセージを受け取れて、情熱・エネルギーをコントロールしながら、新たな自分を見極めていけば、柔らかい身体と人格、恋、大きな仕事が獲得できるでしょう。人生なにごとも、ピンチの裏にチャンスがあるのです。

川を渡る夢よりもっと大きな飛躍や変化が、海を渡る夢によって表されることがあります。日本の川は、先にトンネルとの比較で述べましたように、向こう岸が見える川です。ナイル川や黄河の下流のように対岸が見えない、海と見間違うような川はありません。一方で日本はまわりを海に囲まれていますので、島国根性といわれるような内と外を区別する傾向があり、大海へ出ていくことは大きな危険性をはらんでいました。ですから海を渡る夢には、大きな危険性と、またそれと同じくらい大きな可能性が示唆されているのです。

夢見者に、大きな危険性を示した海を渡る夢を見てみましょう。

渡河・渡海の夢

私は椅子のようなものに腰かけて、海の上の空中を飛んで沖のほうへ行く。下の海を見ると、七福神が乗った宝船が波間に浮かんでいる。それは、めったに見ることができないものなのだ。私は驚いて、その船を捕まえようと思う。ところが、そう思って目を凝らしてみると、もう宝船は見えない。ふと気づくと、私は沖合の、これから先は遊泳禁止といったような印のあるところの手前まで来ていた。宝船はその線を越えて向こうへ行ったのだと、そのときにわかる。私はその線を越えられない。

七福神は福徳をもたらす七人の神様を一堂に集めためでたい神様です。室町時代に、七のもつ縁起のよさから、七神に整えられたものです。お正月に七福神巡りをしたり、初夢のために宝船に乗った七福神の絵を枕の下に敷いて寝る習慣も、そのめでたさからです。

なんだ、それではめでたい夢ではないのですか、という疑問が読者の間にあると思います。しかしこの夢は「宝船を得た」夢ではありません。むしろ「宝船を得られなかった」夢です。それでよかったのです。もし、宝船を追って遊泳禁止ラインの向こう側まで行ったら、おそらく夢見者の命はなかったと思われるような夢です。

もし、夢見者が海外留学しようとしている若者であれば、もう少し準備が整うまで待ったほうがよいというメッセージです。もし、夢見者が海外進出を企画している企業家ならば、遊泳禁止の向こうへ進出する危険性を考えてほしい（見通しを再検討したり、法律や文化の壁を厳しく認識しなおすなど）という、警告夢です。それを検討したうえで、再度、海外留学や進出にOKが出たならば、そこには宝船に出会うチャンスがあるのです。

実はこの時期夢見者は心臓発作で苦しんでいました。そんなときに、椅子に腰かけて海の上を飛び、宝船に誘われて遊泳禁止の向こうまで行くことは、死を意味します。海を渡るということには、死への旅立ちの意味があります。すでに述べましたように、海の向こうは西方浄土《さいほうじょうど》なのです。行き先がわからないのに、海の遊泳禁止の向こう（泳げる能力を越えている危険地帯）へどんどん行くことは、死を意味します。

心臓発作で苦しんでいた夢見者は、遊泳禁止の意味を味わうことによって、いくら宝船でも自分の能力を越える所まで追いかけてはならないことを知ったのです。それから二年後に、夢見者は苦しんでいた心臓発作から解放されました。心臓発作にやられる人は、「Aタイプ」といって、自分の能力、体力以上に仕事を頑張ってする人が多いことが知られています。

夢のメッセージを軽んじずに、その意味を味わっていただくと、あなたを危険から救ってくれ、自分の身に合う宝が得られると思います。

17 癒しの夢

「癒し」というコンセプトが流行しています。癒し系の音楽、食べ物、ファッション、インテリア、旅などです。癒しという言葉が氾濫しているということは、現代社会がいかにストレスに満ちており、大勢の人々が癒しを求めているかの証拠でしょう。

癒しを求めるのは、むろん、現代に始まったことではありません。動物から進化して人間が意識や意思、記憶を明確にもつようになると、過去を振り返ることをするようになり、未来を考えることができるようになりました。その結果、人間はそこにないものをイメージできるようになり、「今、ここ」にないものを感じ、不安と縛りをもつようになりました。そして「過去を考える」と縛られますし、「未来を考える」と不安が起こりました。自然の力の脅威や運命の存在を意識せざるをえなくなりました。「生死と未来」は、個人の意思ではどうにもならないことです。それは、これらが「神仏の領域」に属すからです。人が宗教をもつようになったのもこのことと無縁ではないでしょう。

現代医学がどれほど進歩しても、神社仏閣へのお参りがなくなることはありません。合理的な思考をする経済人でも、未来は予測できませんので、恵比寿神社へお参りして商売の繁栄を願います。

運命を信じない若者も、縁結びの神社にお参りしたり運勢を占ってもらったりしています。癒しを与えてくれると思われるのは、今も昔も神様・仏様であり、宗教です。自分は無宗教であると公言している人でも、いざというときは「病気平癒」「子宝神社」「安産祈願」「安全祈願」などを行ないます。神仏を信じ、特定の宗教をもっている人々は、なおさら神仏に癒しを求めています。だから、聖書はもちろんのこと『壺坂霊験記《つぼさかれいげんき》』では、目が見えない人が、観音様の秘蹟によって癒された体験が書かれています。いろいろな宗教の広報には、このような癒しがたくさん載せられています。沖縄や恐山だけでなく、大都市にも数十人のオガミヤさんがおられます。

癒しや秘蹟は、神仏だけのものでなく、おとぎ話や昔話には、小人や妖精、魔力をもった動物が出てきて、いろいろな秘蹟を行なったり、助言を与えたりしています。『白雪姫』『シンデレラ姫』『ヘンゼルとグレーテル』など、枚挙にいとまがないほどです。キツネやヘビのように、神様に昇格した動物もあります。

夢は自分から自分へのメッセージです。その中には当然癒しのメッセージや癒しの夢体験が含まれています。夢に神仏や霊験をもつ動物が現れたり、癒し系のイメージが出現するのです。カウンセリングや心理療法で、心因性の身体症状や問題が癒されることは、当たり前のこととして受け入れられています。カウンセリングで目が見えるようになったり、歩けるようになったり、不妊が解消したりすることも、稀ではありません。心の様子は夢に現れますので、癒し系の夢も多く出現するのです。

それでは、このような夢を見てみましょう。

◆◆◆◆◆◆白い衣を着た神様のような人が現れ「もう治ったよ」と優しく言って、去っていかれた。

夢見者は、原因不明（医学的検査で原因が特定できない）の咳《せ》き込みに、長年苦しんでいましたが、この夢を見た日から嘘のようにそれが止まりました。心理学的には「咳き込む心理的要因がなくなった」ということかもしれませんが、これでは「夢がない」ですね。この夢見者のように、どうしてかわかりませんが、夢を見たあとで、症状が取れて治ったということが、そんなに頻繁ではないのですが、そんなに稀でもなく起こるのです。このような夢を「治癒夢」とか「癒しの夢」と呼んでいます。人間の心はなんとも不思議な存在です。ただし、このような夢を見たら、必ず症状が取れるのだ、と単純に考えないようにしてください。それだと夢分析はまた神秘のベールの中に隠れてしまいますので。それでも、「癒しの夢」を見ると症状が取れることがしばしば起こることも事実です。

次に、症状が取れ、少し劇的な癒しを得た夢を紹介しましょう。

◆◆◆◆◆◆◆◆目の前には、大きな川が黒々と流れている。夜が明けようとしているようだ。夫は「それには、あの朝日をつかんで、御札をもらうことだ」と言い、川の中にまっしぐらに入っていく。川の向こう岸に近いあたりに、朝の赤い太陽が映っていた。それは水の中に沈んだ赤い玉のように見えた。夫は勢いをつけてそこまで行き、水の中にかがみ込むとその朝日をつかみ、急いで向こう岸へ行く。向こう岸の土手を登ると、そこで御札を配っている人に御札をもらった。あたりはまだ暗かったが、対岸からその一部始終が見えた。そして夫は向こう岸に立つと、御札を高く掲げて、私に来いと手招きした。私は濡れるのもかまわず、そちらへ向かって川を渡った。川はずっと浅瀬で、せいぜい股のあたりまでの深さだった。そして、私は向こう岸の土手には い登る。夫のもらった御札を見ると、それは子授けの御札だった。

夢見者は二九歳の女性です。一般に、不妊症とは、避妊せずに正常な性交をくり返して一定期間を経過しても妊娠しない症状と定義されています。夢見者は結婚して五年になりますが、避妊はしておらず、一度も妊娠したことがありません。定義からしますと、これはたしかに不妊症ということになります。しかし、まことに不思議なことですが、夢見者はこの夢を見たのとほぼ同時に妊娠しました。

この事実から、カウンセリングや夢分析で不妊症が治るのかといわれますと、なかなかそうはいえないと思います。なぜなら、不妊症のほとんどは夫婦のどちらかの身体的原因によるからです。しかし、妊娠には男女（精子と卵子）の相性がかかわることもあるそうです。また、女性のなかには、精神的な不調から生理がなくなったりする人もいます。仲のよい友だちの間で、一人が生理になるとほかの人もなることがあります。この現象は、「生理がうつる」といわれていますが、医学的に生理がうつることはありません。感情が生理を支配することがあるのです。ヒステリーの語源は「子宮」にあるそうですが、女性の感情と生理が密接に関係するような思いを、古代人ももっていたのでしょう。また、今でも子授け地蔵をはじめ、子授けに御利益があるというお寺に参詣される女性がたくさんおられるように、癒しの夢やお参りが、身体に影響を与えることがあるのです。心は不思議な性質をもっています。夢はそれが表現されたものなのです。

これまで二つの症状が取れた癒しの夢をあげましたが、夢で症状が取れるかどうかはともかく、夢がそれまでの苦悩を癒し、希望を与えることは、よくあることです。

例をあげましょう。

◆◆◆◆◆◆桜の木の枝。枯れてしなびた感じだが、その先にたくさんの新芽が出だしている。

夢見者はこの夢を見て目覚めたとき、とても「いい気持ちがした」と感じました。

夢見者は、この夢を見る数年間、離婚を考えるような深刻な夫婦の問題と、いやになるような毎日の夫婦喧嘩、会社での上司との葛藤、独立して自営するかどうかの迷いで、混乱していました。この夢は、夢見者に勇気と春が来ることを告げました。このあとまだまだ混乱と深刻な日常が続きましたが、徐々に問題は解決していきました。夢見者は思い切って独立し、その後三年ほどで仕事が軌道に乗り、夫婦関係も改善されていきました。
もう一つ例をあげましょう。

◆◆◆◆◆◆山際がオレンジ色に輝き、大きな太陽が昇ってくる。

この夢を読まれた読者は、前の夢との類似性を感じられたことでしょう。この夢の夢見者は女性ですが、数カ月間落ち込んでいました。自分自身に自信がもてないのです。女性の厄年とも関連し、生理的にも心理的にも曲がり角に来ていました。そのようなときに見たのがこの夢です。

初日の出を拝む、霊峰富士に登ってご来光を仰ぐ、などは、人間にとって大いなる癒しになっています。宇宙の実相を体現する根本仏としての「大日如来《だいにちにょらい》」は、地球上のあらゆる生物の命の源、太陽がイメージされています。

「ドツボにはまる」「トンネルを抜けられない」「人生真っ暗やみ」というような表現があるように、悩んでいるときは、暗いイメージがつきまといます。これに対し、太陽は暗闇を照らしてくれるもので、希望の象徴です。日本人のルーツの天照大神《あまてらすおおみかみ》も太陽神であり、太陽を神格化したものです。神話の中で、天照大神が天《あま》の岩戸《いわと》に隠れてしまわれたとき、みんながいかにあわてたかは日本人なら誰もが知っているでしょう。

数カ月にわたって落ち込んでいた夢見者は、この夢によって救われ、自分の道を行く勇気を与えられました。夢は自分の最大の味方ですから。

次に「塀が倒れる」という、奇妙な確信にとらわれていた人の夢を見てみましょう。

◆◆◆◆◆◆◆◆◆◆◆◆◆◆◆◆◆

グラウンドの塀が斜めになっている。次に見たら倒れている。それがまた見ると、家があって、家の横の塀が倒れている。二〇人ぐらいの人が鉄カブトをかぶって、指図もなしに、まるで小人の妖精のようにテキパキと家の下部の塀を直している。その家の人もその手際のよさに感心している。

昔話やおとぎ話には、困ったときに小人や妖精や動物が出てきて助けてくれるお話がたくさんあります。どうしても自力では解決できないような問題が起こったとき、人間は「神頼み」をしたくなります。眠っている間に問題が解決していれば、という思いも生じます。しかし、どのような大きな問題であっても、「山より大きい猪は出ない」とか「命まで取られるような問題はない」との格言があるように、もし強い心としっかりしたサポートがあれば、乗り越えられることのほうが多いのも事実です。特に、現実的な解決策を要することには、それなりの現実的な処理が必要ですが、心の問題の場合は、心がサポートされますと大きな問題も不思議なほど氷解するものです。夢は自分から自分へのメッセージです。最大最強のサポーターは自分です。自分がいちばん弱っているときに、自分がいちばんのサポーターというのも変な感じですが、自分の弱っているのは意識的・現実的な心であるのに対して、サポートするほうは無意識的・深層的・非現実的な心です。心はもともと非現実的なものほど強烈な力をもっていますので、それを信じている人には強烈な支援になるのです。神仏は、客観的に確かめることが困難な存在ですが、それを信じている人には、どれほどの力とサポートと恩寵が与えられるか、人間の歴史をみても、今の世界をみてもおわかりになると思います。おとぎ話に出てくる、妖精も小人も不思議な力をもつ動物も、現実の存在ではありませんが、これらのお話が何百年と語り継がれるのは、そこに感動し感応する心が人間にあるからではないでしょうか。

実は、夢見者は家を新築したころから、奇妙な確信に取りつかれました。それは「何度直しても塀が倒れてくる。塀は自分たちを殺すために倒れるように作ってある」というものです。夢見者は、実際に、ブロック塀を修繕したり、作りかえで何度も大工を呼び、ついには大工を怒らせたりしました。しかし、この夢を見たあとで、夢見者は「自分の家は土台が腐っていたのです。自分が生活してきた家の土台が腐っていたのです」と、遠くを見るように沈んだ調子でつぶやきました。「私は基礎を見ず、上にばかり気をとめていたのです。今考えると、土台からやり直さなければ」と、自分に言い聞かせるようにうなずかれました。この夢を見たあと、あれほどこだわっていた「塀が倒れる」という奇妙な確信がなくなりました。夢に出てきた小人の妖精のような人たちが、夢見者の塀を直してくれたのです。実際にその後、夢見者の塀は倒れることがなくなったのです。大工さんとも和解できました。「めでたし、めでたし」です。

読者のなかには、「別に小人のような妖精が塀を直してくれたのではなく、もともと夢見者の塀は倒れるようなものではなかった」と、反発したくなる方がおられるかもしれません。そのとおりでしょうね。でも、どこかで夢がなくなっている自分を感じませんか。人間はどこか夢に生きているところがあります。夢がないと癒しもありませんよね。

以上、普通の人が問題に直面したときに現れる癒しの夢を見てきましたが、偉大な人が大きな問題に直面したときにも、「癒しの夢」や、人生の「大転換の夢」が現れます。偉大な人の偉大な夢を見てみましょう。

まずは、親鸞上人の夢です。

「六角堂の救世大菩薩、顔容端政（正）の僧形を示現して、白衲の御袈裟を服著せしめて、広大の白蓮に端座して、善信に告命して、言く、行者宿報にて設ひ女犯すとも、我玉女の身と成りて犯せられむ。一生の間、能く荘厳して、臨終に引導して極楽に生ぜしめむ。救世菩薩、此の文を誦して言く、此の文は吾が誓願なり。一生群生に説き聞かすべしと告命したまへり。斯の告命に因って数千万の有情にこれを聞かしむと覚えて夢悟め了ぬ」。

これは親鸞上人が性の問題と対決し、解答を得ようとして、六角堂で百日の参籠にはいり、九十五日目のあかつきに得たものです。

（河合隼雄『明恵　夢を生きる』京都松柏社刊より）

親鸞上人は、この夢を見たあと開眼し、それまでは禁制とされていた僧侶の結婚問題を解決し、浄土真宗を打ち立てられたのです。

次の夢は仏像彫刻家で愛宕山念仏寺の住職である西村公朝さんの夢です。西村さんは昭和一七年、日本軍の兵士として漢口から長沙に向かう夜行軍に加わっていました。極度の疲労のなかで、歩きながら眠り、その間に次のような夢を見たのです。

「私の右側に、破損した仏像が何百何千と、実に悲しそうな表情で一列に立ち並んでいます。その前を私は歩きながら、その一体一体をみつめています。そこらは阿弥陀如来や薬師如来、千手観音や地蔵菩薩、そのほかいろいろの仏像が、手足の無いもの、頭や体部が割れているもの、それは哀れな姿となって、お互いが倒れようとする身体を、寄り添っているかの様子でした。私は無言で何百体かを見ました。しかし、その先には、まだまだ何百何千といるように見えたのです。そこで私は、歩きながら、その仏像たちに次のことを言いました。

『あなた方は、私に修理してほしいのなら、私を無事に帰国させて下さい』

ここで私は夢からさめたのです。隣の戦友は、私に寄り添うようにして、眠りながら歩いていました。何故か、心に安心感が沸き上がってきました。この時の仏像の姿と、何かわからない喜びのような感情が今も忘れられません」。

この夢を見た後、西村さんは戦地にいながら三年半の間、一度も敵兵を見ず、一発の弾を打つこともなく終戦を迎えました。そして、帰国するや否や、三十三間堂に行き、そこで仏像の修理に専念するようになります。

（河合隼雄・鑪幹八郎編『夢の臨床』金剛出版より）

読者のみなさんいかがですか。夢って素晴らしいと思いませんか。「癒しの夢」を見たいと思いませんか。なかなか見たいと思っても見ることができないのが夢です。自分の無意識にお願いして、無意識の力を信じて今晩は寝てみませんか。

あとがき

あなたにはあなたの夢がありますか。夢を見る余裕がありますか。現在の日本は、だんだん夢がなくなってきています。この本を読まれて、自分の夢をもってください。少なくとも、自分の夢のメッセージを受け取ってください。それが私の願いです。

最近、日本の治安が悪くなったといわれています。私が生まれ育った大阪は、ひと昔前までは、オープンで気さくな商人と庶民の町でした。今では、ひったくりナンバーワンの町になってしまいました。

電車に乗ったら、みんなイライラしているような感じがされませんか。ホームや車内での喧嘩が増えています。窓や壁に落書きしたり、ガラスを傷つけたりすることも多くなりました。かつてのニューヨークの地下鉄の状況までにはまだ至りませんが、そのようになる不安を感じます。これらの背景には、家族の絆の緩み、地域社会の崩壊、社会全体の閉塞感、人間関係の粗雑さと希薄さがあります。官僚や政治家の公私混同や利益誘導、大人社会のけじめのなさが、子どもに影響しています。「このごろの若者は…」と、大人や老人が言うときは、言っている個人はさておき、大人社会に問題があるのです。子どもは親や大人を手本にして学習していきます。悪い言葉のほうが早く覚えるように、悪いことは素早く学習するという学習の特性はありますけれど。

人は誰でも自分が有用な人間で、生きている価値があり、心が理解されていると感じる必要があります。他者や社会から理解されないと自分の存在意義がわからなくなるからです。そのためにカウンセラーは、人間的に相談者にかかわり、相談者が自分が生きている実感をもてるようにする仕事をしています。

他人の心がわかるためには、その人の言うことを、その人の心の枠組みから聞く必要があります。人の話が聞けるためにはいろいろな技術（アート）が必要ですが、残念ながら現代は、人の話が聞ける人が少なくなっています。カウンセラーはそのプロですので、今の世の中のストレスを減らし、コミュニケーションを少しでもよくするためにと、『プロカウンセラーの聞く技術』という本を昨年出版しました。一年間で一五万部を突破するという、読者からの大きな反響をいただきました。また、そのうちの多くの方からお手紙をいただき、人間の心をより深く知るための本を書いてくださいとの要望を受けました。

そこで、ご要望に応じるためにこのような本を書きました。プロのカウンセラーは、人の心の深層や無意識での考え方、見方を知るために、「はじめに」に書きましたように、カウンセリングの素材として夢を使います。

夢は、同じような内容でも、その背景やそのときの状況により個人個人で意味が異なります。そしてすべての夢は、夢見者のためにあります。怖い夢や悪夢、殺される夢ですらそれが夢であるかぎり、夢見者には肯定的なメッセージを伝えているのです。

自分の夢のメッセージを受け取ることは、自分の深層の考えを受け取ることです。

この本に載せることができた夢はわずかです。これだけを参考にするのでは、自分の夢のメッセージを受け取るのには不十分だと思われる読者もおられると思います。そのような方は、夢分析の原則「なぜ自分はこのような夢を見たのか」と「現実と夢の違いはどこか」の二点に絞って、ご自分の夢をじっくり吟味してみてください。それでもわからないときは、信頼できる人に夢を語ってみてください。あまり性急に夢を解釈しようとせずに、わからない夢のメッセージは、あとから見る夢がもっとわかりやすく自分に教えてくれるのだ、と自分の夢を信じて待っていてください。そうしたあなたの態度に、あなたの夢はきっと応えてくれます。それは自分を信じる態度でもあるからです。

本書を出版するにあたり、夢を提供し、その出版を許可していただいた多くの夢見者に感謝します。いくつかの夢と解釈は、拙著『夢分析初歩』(ミネルヴァ書房刊)から引用しました。また、創元社の矢部敬一社長、編集の渡辺明美さん、書籍情報社の矢部宏治さんに大変お世話になったことを感謝します。

二〇〇二年早春

閑居庵夢見堂にて　著者

●著者紹介
東山紘久（ひがしやま ひろひさ）
昭和17年　大阪市に生まれる
昭和40年　京都大学教育学部卒
昭和48年　カール・ロジァース研究所へ留学。教育学博士、臨床心理士
現　　在　京都大学大学院教授授
専　　攻　臨床心理学
著　　書『遊戯療法の世界』創元社
『教育カウンセリングの実際』培風館
『愛・孤独・出会い』福村出版
『子育て』（共著）創元社
『母親と教師がなおす登校拒否――母親ノート法のすすめ』創元社
『カウンセラーへの道』創元社
『プロカウンセラーの聞く技術』創元社　他

プロカウンセラーの**夢分析**

2002年4月20日　第1版第1刷発行
2002年6月20日　第1版第4刷発行

著　者――**東山紘久**
発行者――**矢部敬一**
印刷所――**寿印刷株式会社**
発行所――**株式会社創元社**
〒541-0047 大阪市中央区淡路町4-3-6
［電話］06(6231)9010(代)
東京支店　〒162-0825 東京都新宿区神楽坂4-3 煉瓦塔ビル
［電話］東京03(3269)1051(代)

ISBN4-422-11274-0

URL http://www.sogensha.co.jp/

The Art of Listening

プロカウンセラーの聞く技術

Higashiyama Hirohisa

東山紘久

●四六判●並製●216頁
●定価（1400円＋税）

20万部以上の売り上げを誇る大ベストセラー。人の話をただひたすら聞くことは、実は簡単そうでいてとてもむずかしい。本書は、相づちの打ち方や共感のしかた、沈黙と間の効用など、聞き方のプロの極意を、わかりやすい実例を交えながら31章で紹介する。阿川佐和子さんも大絶賛。

創元社